紛争事例に学ぶ、
ITユーザの心得

【提案・開発・プロジェクト管理編】

細川義洋

本書内容に関するお問い合わせについて

このたびは翔泳社の書籍をお買い上げいただき、誠にありがとうございます。弊社では、読者の皆様からのお問い合わせに適切に対応させていただくため、以下のガイドラインへのご協力をお願い致しております。下記項目をお読みいただき、手順に従ってお問い合わせください。

●ご質問される前に

弊社Webサイトの「正誤表」をご参照ください。これまでに判明した正誤や追加情報を掲載しています。

正誤表　http://www.shoeisha.co.jp/book/errata/

●ご質問方法

弊社Webサイトの「刊行物Q&A」をご利用ください。

刊行物Q&A　http://www.shoeisha.co.jp/book/qa/

インターネットをご利用でない場合は、FAXまたは郵便にて、下記"翔泳社 愛読者サービスセンター"までお問い合わせください。
電話でのご質問は、お受けしておりません。

●回答について

回答は、ご質問いただいた手段によってご返事申し上げます。ご質問の内容によっては、回答に数日ないしはそれ以上の期間を要する場合があります。

●ご質問に際してのご注意

本書の対象を越えるもの、記述個所を特定されないもの、また読者固有の環境に起因するご質問等にはお答えできませんので、予めご了承ください。

●郵便物送付先およびFAX番号

送付先住所　〒160-0006　東京都新宿区舟町5
FAX番号　　03-5362-3818
宛先　　　　（株）翔泳社 愛読者サービスセンター

※本書に記載されたURL等は予告なく変更される場合があります。
※本書の出版にあたっては正確な記述につとめましたが、著者や出版社などのいずれも、本書の内容に対してなんらかの保証をするものではなく、内容やサンプルに基づくいかなる運用結果に関してもいっさいの責任を負いません。
※本書に掲載されているサンプルプログラムやスクリプト、および実行結果を記した画面イメージなどは、特定の設定に基づいた環境にて再現される一例です。

※本書に記載されている会社名、製品名はそれぞれ各社の商標および登録商標です。

まえがき

　私は、約10年間、東京地方裁判所でIT紛争を担当する民事調停委員を務めていました。自社のIT開発をベンダに依頼したはいいが、納期やコストが当初の予定を大幅にオーバーしている、できあがったシステムが頼んだものと違う、あるいは欠陥だらけで使えない。ならば費用は払えないと言うと、ベンダの方は仕事はしたんだからお金はもらうということになり、裁判を起こされる。そんな事例を数十件ほど担当し、仲裁などをしてきました。

　そんな中で気づくのは、こうした紛争は決して特殊な事例ではなく、どの開発現場でも起き得るということであり、逆に紛争時にこうしたことに気をつけておけば、裁判になんかならずに済んだのに……という事柄が、普段のIT開発プロジェクトを円滑に進めるための重要な知見になるということです。

　「あいまいな要件定義」「ハッキリしない責任分担」「きちんと管理されず対策が手遅れになるリスク」——こうした裁判所でよく見る問題は普通のプロジェクトでもよく目にするものです。そこから得られる反省点を、ユーザ、ベンダを問わず、ITプロジェクトに関わる方々が事前に知っていれば、ITプロジェクトの成功率はもっと高まるのではないか。つまり、裁判事例がこの上ない反面教師として役立つのではないか。そんな思いで、翔泳社さんのWebメディアである「EnterpriseZine」に「紛争事例に学ぶ、ITユーザの心得」という連載を書かせていただきました。

　この本は、その連載記事を中心に、ITプロジェクト成功の鍵となる事例と、そこから得られる知見をまとめたものです。昨今は、ITプロジェクトにおけるユーザサイドの役割がますます重要になっており、かつてはベンダに任せきりでよかったIT導入も、ユーザが積極的に要件を定義しプロジェクト管理を行わないとうまくいかなくなっています。ITユーザの方にはご自分の会社のIT開発がうまくいくように、そしてベンダの方にはユーザの方の協力をうまく引き出すために、この本から得られる知見を利用していただければと思います。

細川　義洋

目次

まえがき　　　　　　　　　　　　　　　　　　　　　　　　　　　3

第1章　システム開発プロジェクトにおけるユーザの　　7
　　　　　協力義務（前編）

約3割が失敗するITプロジェクト　　　　　　　　　　　　　　8

ユーザの協力義務に関する裁判例　　　　　　　　　　　　　　9

果たしきれない協力義務はリスクとしてベンダと共に管理する　　11

ベンダがリスク管理を行えないときは　　　　　　　　　　　　13

第2章　システム開発プロジェクトにおけるユーザの　　15
　　　　　協力義務（後編）

ITベンダのプロジェクト管理義務　　　　　　　　　　　　　16

ベンダにプロジェクト管理費用を確保させる　　　　　　　　　17

要件の追加・変更に備えた予算を確保しておく　　　　　　　　18

ユーザは自らのリスクを早めに開示する　　　　　　　　　　　19

ベンダのリスクを受け入れる　　　　　　　　　　　　　　　　20

第3章　システムの要件定義とは　　　　　　　　　21

システム開発失敗の大半は要件定義の問題　　　　　　　　　　22

要件とは、どのようなことを決めるのか　　　　　　　　　　　24

要件とは、どのようなことを決めるのか　　　　　　　　　　　26

第4章　業界の常識を知ること・知らせることの大切さ　　29

業務知識が足りないベンダが行った開発　　　　　　　　　　　30

"この程度のことはわかって当然"が招くトラブル　　　　　　　32

ベンダの業界知識不足はユーザの責任　　　　　　　　　　　　33

自社の新人のつもりでベンダを育てる　　　　　　　　　　　　34

第5章　紛争の責任をベンダ側が負う場合　　　　　37

ITベンダにも厳しい裁判所の判断　　　　　　　　　　　　　38

ITベンダに問われる"専門家責任"　　　　　　　　　　　　　39

ベンダに責任を果たしてもらうために、ユーザが心がけるべきこと　　42

第6章　ソフトウェアの不具合は不可避だが全てが　　45
　　　　　許されるわけではない

ソフトウェアの不具合による契約解除が争われた裁判の例　　　47

不具合が残るシステムでも完成したと見なされるのか　　　　　48

どのような不具合が損害賠償の対象になるのか　　　　　　　　49

ソフトウェアの不具合による契約解除が争われた裁判の例　　　51

第7章　そのシステム、何のために導入したのでしたっけ？　53

システム導入の目的は忘れられる　54
なぜ、忘れられるのか　55
"目的のあいまいさ"に関する裁判の例　55
抽象的な目的定義では、ベンダの責任は問えない　57
経営層こそ、目的にナーバスであるべき　58

第8章　そのソフトウェアの不具合は瑕疵か瑕疵でないか　59

ソフトウェアの不具合による損害の賠償が争われた裁判の例　60
遅滞なく補修するわけではない不具合は、瑕疵と見なされるか　62
正しくない操作に起因する障害までは損害賠償の対象としない　63
ユーザが自らを守るためにやるべきこと　63

第9章　頓挫したプロジェクトの責任はどこにあるのか　67
──ユーザが協力義務を怠ったとされる場合について

ユーザの協力義務違反は、ベンダの得になる？　68
ベンダの全額請求　70
この債務から解放されたためにベンダが得た利益　70

第10章　要件追加でプロジェクトを中断させないためには？　73

プロジェクトの中断により発生した損害について争われた事例　74
機能追加についての裁判所の判断　75
ベンダは、機能追加に対応したくなければ逃げられる？　76
ベンダに完成まで責任を持ってもらうためには　77
機能追加時の対応を契約書に記した場合の注意点　78

第11章　RFPに記載するべき項目の概要　79

RFPはどれくらい重要か　80
RFPに記載するべき項目の概要　81

第12章　提案者に要件を考えさせる「基本情報」　85

基本情報で気をつけたい、意外と大事なところ　86
新たな検討を引き出すことが大事　86
関係ないことは書く？　書かない？　87

第13章　経営方針と関連させて書く提案依頼の主旨・目的　89

経営方針と関連させて書く提案依頼の主旨・目的　90
システムやサービス導入の背景（経営方針及びシステム化方針 等）　90
チャートで見せる新しい業務の姿　93

第14章　RFPで提案を依頼したい事項　その1　95

サービス範囲や作業範囲/役割分担・責任分担　96

プロジェクト管理手法 98

第15章　RFPで提案を依頼したい事項　その2　101
サービスレベルアグリーメント（SLA）案 102
提案を依頼したい事項 104

第16章　RFPで提案を依頼したい事項　その3　105
RFPはワガママ文書であるべき 106
守るべきものとそうでないものを見分けられる業者か 107

第17章　仕様凍結後の要件追加・変更がもとで失敗した　109
プロジェクトの責任は？
IT開発には、凍結後の要件追加・変更がつきもの 110
凍結後の仕様変更がもとで失敗した 111
　プロジェクトの責任を争った判例
要件を凍結したら、追加・変更を認めないのが原則 113

第18章　IT導入におけるユーザの協力義務、ふたたび　115
ユーザの協力義務が問題になった裁判の例 116
ユーザが果たさなかった協力義務 117
ユーザ協力義務を果たすために 119

解説：システム開発とは、人間そのものである 122

第1章

システム開発プロジェクトにおける
ユーザの協力義務（前編）

第1章　システム開発プロジェクトにおけるユーザの協力義務（前編）

　私は普段、東京地方裁判所というところで、IT開発に関わる紛争解決のお手
伝いをさせていただいております。開発に失敗したユーザとベンダが「ひどい
システムだ。カネ返せ！」「悪いのはウチじゃない！」と争っているさまを目
の当たりにしているわけですが、裁判所で、実際の紛争事例を見聞きしている
と、実はありふれたことばかりで、裁判にまではならなくとも、誰もがこうし
たトラブルの渦中に身を置く危険があることに気づきます。

　さて、本書では、こうした裁判所に来る羽目になった失敗プロジェクト
から、特にITユーザの皆さんに知見となるようなことを参考にしていた
だき、それらを反面教師としてご自身の開発に役立てていただくことを意
図しています。こうした事例をきっかけに「さて、自分のところはどうだ
ろうか」と少し立ち止まって考えていただき、「ああ、そういえば…！」と
何らかの気づきを得ていただければ幸いです。どうぞよろしくお願いいた
します。

約3割が失敗するITプロジェクト

　さっそくですが、皆さんは社内で以下のような声を聞くことはありませ
んか？

「社内システムが、不具合ばかりで使いものにならない」
「当初は5000万円でできると言っていたシステムが、結局2億円かかっ
　た」
「作業が遅れていつ終わるのか見えない」

　中には聞いたことがあるどころか、ご自身がこうした台詞を吐いていた
という方もいらっしゃるかもしれませんね。でも、こうした言葉が社内で
聞かれるのは皆さんの会社だけではないんです。隣のビルの会社でも競合
相手の会社でも、IT導入にあたっては何人もの人が似たような声を上げて
いることでしょう。
　それもそのはず。ITプロジェクトというものは、他のプロジェクトに比
べ各段に成功率が低く、ユーザ企業に億単位の損失をもたらすこともめず

8

らしくないという代物です。IT開発について文句や愚痴を言う人を探すのは、きっと大阪の町で阪神ファンを探すより簡単でしょう。

　しかし、考えてみればこれは随分と異常な話です。世にプロジェクトというものは数多く存在します。中東の砂漠で石油プラントを作り上げるのも、AKB48の総選挙もプロジェクトです。しかし、そうしたプロジェクトと呼ばれるものの中で、成功率が7割のものなど他にあるでしょうか。ユーザが望んだシステムを、多少のブレはあっても納得できるスケジュールとコストで完成させる。今のシステム開発の現状は、日本の産業界にとってもユーザ企業にとっても、そして何よりユーザとベンダの担当者の健康とキャリアにとっても決して望ましいものではありません。遅れるスケジュールに焦りながら、社内の各所からどうなっているのかと問われ、ベンダに文句を言っても一向に改善されない。そんな異常な状態は少しでも早く改善されるべきでしょう。

ユーザの協力義務に関する裁判例

　そもそも、なぜITプロジェクトは失敗するのでしょうか。そしてITを導入するユーザ企業は、プロジェクトを無事完遂し、導入のメリットを享受するために、どのようなことを考え実践したらよいのでしょうか。こうしたことを考えるきっかけとして、平成16年に出た東京地方裁判所の判決を例に「システム開発プロジェクトにおけるユーザの協力義務」について考えてみたいと思います。

事件の概要（東京地方裁判所　平成16年3月10日判決より）

　ある健保組合（以下　原告国保）が開発ベンダ（以下　被告ベンダ）に基幹情報システムの開発を委託したが期限を数ヶ月すぎても完成しなかった為に契約を解除した。原告国保は支払い済み代金約2億5千万円の返却と損害賠償3億4千万円の支払いを求めたが、被告ベンダは、開発遅延の原因は原告国保による機能の追加・変更その他過剰な要求と原告国保が回答すべき懸案事項についての意思決定の遅れによ

第1章　システム開発プロジェクトにおけるユーザの協力義務（前編）

> るとして、逆に委任契約解除における報酬と損害賠償として約4億6
> 千万円の支払いを原告国保に求めた。

「開発できなかったんだから、お金返してください。システム切り替え
　ができなくて損害もたくさん出ています。」
「遅れたのは再三の機能追加・変更やワガママな注文をする上に決める
　ことを決めてくれないユーザのせいです。」

　こうした言い争いは、開発現場でもよく聞かれる話です。少し補足をすると、この事件でのユーザの主張は「予定通りシステムが完成しなかったのは、ベンダが専門家なら当然に行うべきプロジェクト管理を行わなかったからで、プロジェクト内のさまざまな事象（リスクや課題など）にきちんと対応しなかったからだ」といった内容でした。これに対してベンダは、上にもある通り、「システムが完成しなかったのは、ベンダからの度重なる要件変更や追加、その他さまざまな要望が五月雨式に発生したからだ」と反論をしています。

　実際のところ、この両者の言い分は事実に基づいていたようで、ベンダのリスク・課題管理にはヌケモレがあったようですし、ユーザの要件追加・変更も確実にスケジュールに影響したようです。

　では、この紛争において裁判所はどのような判断をしたのでしょうか。最終的にどちらが勝ったのかというご紹介は説明の関係で次章に譲りたいと思いますが、まずはユーザの協力義務に直接関連する部分について、印象的な部分をいくつか抜粋しながら説明していきましょう。判決では、システム開発契約におけるユーザの役割についての基本的な考え方を以下のように述べています。

> 　このようなオーダーメイドのシステム開発契約では、受託者（ベンダ）のみでは、システムを完成することはできない。

10

これは日本のIT紛争において、裁判所がシステム開発にはユーザの協力が必須であることをハッキリと述べた、おそらく最初の例です。そして、具体的にユーザがするべきことを次のように述べています。

① 開発過程において、ユーザ内部の意見調整を的確に行い見解を統一する。
② どのような機能を要望するかをベンダに明確に伝える。
③ ユーザと共に機能について検討して最終的に決定する（画面や帳票も含む）。
④ 成果物の検収をする。
⑤ ベンダに対して必要な資料提供等を行う。

　正直、言葉にしてしまうと当たり前のことばかりですが、私が経験したさまざまな事件の例を見ても、実際には、こうしたことをユーザがきちんと行うのは難しいようで、皆、どこかしらにできていない部分があるようです。

果たしきれない協力義務はリスクとしてベンダと共に管理する

　多くの場合、一口にユーザ企業（組織）と言っても内実は決して一枚岩ではありません。部署や役職が異なれば、新システムに求める機能も、許容してもよいと思う金額や労力も異なるでしょう。要望のとりまとめを行うシステム担当者が、意見の異なる営業部長と経営企画担当重役の意見を正確に聞き出しかつ調整することは相当困難でしょう。
　また、「ベンダに要望を明確に伝える」と言われても、具体的に何をどのように伝えたらよいのか、作り手ではないユーザには測りかねるところもあるでしょう。裁判官が高いところから論じるあるべき論も結局は理想論に聞こえるかもしれません。
　そうは言っても、ユーザがこうしたことを遅滞なく行わなければ、開発は予定通りに進みません。では、こんなときユーザのシステム担当者は、どのように対応すればよいのでしょうか。結論から言えば、ユーザは自分

達の内部にあるプロジェクト阻害要因もベンダに示し、リスクとして管理し対応策を共同で検討することです。元ベンダのエンジニアだった私の経験も併せて考えると、ベンダは、もちろんユーザの意見統一不備や情報提供遅延等に困ります。困りはしますが、そうしたリスクを早めに伝えてくれれば、一緒に相談して何らかの解決策を考えることもできます。意見不統一な要件の対応を後回しにするベンダ自身が、意見の発信元と話して、ワガママを言っているユーザ企業内の人々にプロジェクトの現実を説明し、次善の策を提示する。こうしたことは、数多くのプロジェクトで同じような問題に遭遇するようなことの多いベンダの方が得意であるのが普通です。

　また、ユーザ側のキーメンバーが人事異動で抜けてしまう、などというリスクを「人事情報だから」と隠すユーザもいますが、これについても、できるだけ早く（ぼんやりとでも）ベンダに伝えるべきです。時間に余裕があれば、ベンダは代替要員の提案やスケジュールの見直し、ユーザ内部でできる体制変更等について提言を行うことができます。もちろん、要件の追加や変更等については、その可能性がうっすらと見えてきた段階でベンダに伝える必要があります。有償かどうかは後の議論として、まずは伝えてあげないと、ベンダの後続作業が破綻して結局プロジェクトが頓挫してしまいます。

　「話せることと話せないことがあるよ」というご意見もあるでしょう。でも実際のIT紛争では、この例も含めてほとんどの場合、このようにユーザ自身のリスクをベンダと共有していない、あるいはリスクと感じていないという場合がほとんどですから、とにかく早急に伝えるということを前提に、リスクを洗い出しベンダへの伝え方は、その後にユーザ内部で調整するという姿勢が大切になります。ユーザ内部の問題をリスクとして積極的にベンダに開示して、一緒に影響度調査、解決策立案、担当者と期限決めを行う。こうしたことが、「ユーザの協力義務」の中心的な活動です。もう少し具体的にプロセスを書くと、以下のような感じでしょうか。

1. ユーザ内部でブレーンストーミング等を行い、プロジェクト発足当初と事情が異なるような事象や調整がうまくいかない事項、未決事項を洗い出す。

2. 自社内で解決できると思われることも含めてベンダへの伝え方を検討する。
3. タイムリーにベンダに伝える。
4. ベンダと解決策を相談し、必要であれば代替提案を受ける。
5. ベンダに伝えたことが、リスクとして管理されていることと解決策の進捗を確認する

ベンダがリスク管理を行えないときは

　ここまで読んだユーザ側の読者の方の中には、「今、頼んでるベンダってそこまでやってくれるのかな？」とお考えの方もいらっしゃるでしょう。しかしベンダというのは、システム開発の専門家で、他のユーザ向けにも同じような開発を行い、似たような問題を解決してきた経験があるのが普通です。ユーザが、自身の悩みを開示すれば、何らかの解決策を提示してくれる確率は、ユーザ内部だけで解決策に悩むより、ずっと高まるはずです。

　逆に、そこまでしてくれないベンダであれば、それこそ「頼むに足らない相手」ということになりますから、別にプロジェクト管理の専門要員をアサインした方がよいかもしれませんし、そもそもベンダ選定の際にこうした管理をちゃんと行ってくれる会社を選ぶことがもっとも大切なことかもしれません。

　さて、ここまではユーザの協力義務の基本的なことについてお話ししました。しかし、実際にプロジェクトを成功させるためにユーザがなすべきことは、これだけではありません。次章では同じ判例を参考に、ベンダのプロジェクト管理義務に対するベンダの協力についてお話ししたいと思います。

第2章

システム開発プロジェクトにおける
ユーザの協力義務（後編）

第2章　システム開発プロジェクトにおけるユーザの協力義務（後編）

　「紛争に学ぶ、IT ユーザの心得」。本章では、前章でご紹介した東京地方裁判所の平成 16 年 3 月 10 日判決をもとに、ベンダのプロジェクト管理義務についてお話ししたいと思います。本書は主としてユーザの方向けに書いていますので、中には、「ベンダの義務なんて知らないよ」とお考えの方もいらっしゃるかもしれませんね。でもベンダにきちんとしたプロジェクト管理をしてもらうためには、やはりユーザにベンダを選定する目とベンダに協力する姿勢が必要です。

ITベンダのプロジェクト管理義務

　まずは前章と同じ判決からベンダのプロジェクト管理義務について触れている部分をご紹介しましょう。前章でも触れましたが、この裁判はあるユーザ企業が自組織の業務系システムを IT ベンダに依頼したが、要件の変更や追加を繰り返したことで、プロジェクトが頓挫してしまったというものでした。裁判所は、まずシステム開発における IT ベンダの責任を一般論として、以下のように述べています。

判決の要旨（プロジェクト管理義務の基本的な考え方について）

　被告ベンダは、自らの有する高度の専門知識と経験に基づき、本件電算システムを完成させる債務を負っていたものであり、開発方法と手順、作業工程等に従って開発を進めるとともに常に進捗状況を管理し、システム開発について専門的な知識を有しない原告国保のシステム開発への関わりを管理し、原告国保によって開発作業を阻害する行為がないように原告国保に働きかける義務を負う。

　専門家であるベンダは、「素人のユーザがどのようにプロジェクトに関わるべきか、どんなことに気をつけるべきか、ちゃんと管理しなさい」と言っています。そして具体的にユーザが行う要件の変更や追加についてのベンダの責任を以下のように述べています。

第2章　システム開発プロジェクトにおけるユーザの協力義務（後編）

> **判決の要旨（要件の変更や追加についてのベンダの義務）**
>
> 　原告国保が機能の追加や変更の要求をした場合で、委託料、期限、他機能に影響を及ぼす場合適時その旨を説明し、要求の撤回、委託料の負担、納入期限の延期等を求める義務を負う。

　たとえ"お客様"の要望であっても、それが費用、納期、機能に影響がある場合は、ちゃんと断るか、費用の追加、納期延長をお願いする。それがベンダの義務だと言っています。私はもともとベンダにいた人間ですが、自分の経験に照らしてもこれはなかなか酷な話です。ベンダにとって、ユーザは"お客様"であり"神様"です。"ご要望"を無碍に断るのには相当な勇気が必要ですし、コストや納期も言い方を誤れば、「約束が違う！」と大問題に発展しかねません。こんなことが原因で"お出入り禁止"にでもなったら、会社としても個人としても重大な失点です。

　そうは言っても、ユーザの望む変更や追加が技術的、プロジェクト管理的に受け入れられるか、スケジュールや費用を守れるかの判断は専門家であるベンダでないと難しいことも事実です。ですからユーザにはベンダがこうしたことを言い出せる環境を作ってあげる必要があります。ベンダの言うことが納得いかない場合に、それを退けるのはいつでもできるわけですから、とりあえず調べることは調べてもらい、言いたいことを言ってもらう。その結果プロジェクト計画の変更が必要ならちゃんとやってもらう程度の度量は見せてあげましょう。具体的にどのようなことがあるか、1つずつ見ていきましょう。

ベンダにプロジェクト管理費用を確保させる

　ベンダと共に IT プロジェクトを開始するとき、まず着目したいのがプロジェクト管理費用です。一般論ですが、プロジェクト費用の 10 ～ 15% を管理費用として確保しないとベンダは満足な管理ができないと言われます。開発費が 1 億円のプロジェクトであれば、1 千万円から 1 千 5 百万円く

17

らいですね。システム開発プロジェクトの経験のないユーザの方には随分高いと感じられるかもしれません。しかし、プロジェクト管理というのは、単にスケジュールに対する進捗管理やToDo管理だけではありません。判決にあるようにシステムの要件に変更があったとき、それが他の要件やプロジェクトに与える影響を制御しつつ要件同士の整合性を管理する要件管理やプロジェクトの進捗を阻害するであろうさまざまな事象の発生を予測して手を打つリスク管理、既に発生してしまった事象を管理する課題管理、その他にも要員やスキルの管理、情報の保護管理、構成管理等々管理対象は山のようにあり、そのどれかに不全があれば、プロジェクトはもちろんユーザの組織自体にも影響を与えかねない大切な活動です。これらはシステム開発経験の少ないユーザが代行したり、開発費用のおまけのような金額で行ったりできるものではありません。プロジェクト管理の専門性、重要性を理解して、必要な時間と費用をベンダに提供することは、プロジェクト成功の大きな要因と言えます。

逆に言えば、システム開発の提案時に、こうしたプロジェクト管理項目を挙げないようなベンダであれば、"仕事を任せられない相手"ということになるのかもしれません。そのあたりを見分ける目もユーザには必要です。

要件の追加・変更に備えた予算を確保しておく

システム開発を進めていけば、途中で機能の追加や変更があるのは当然のことです。機能の追加変更には当然、追加の時間と費用が必要となります。つまりシステム開発を行う上では、当初の想定を超える金額と時間が必要となるのは、いつでも、そしてどのプロジェクトでも発生し得ることです。

ですが、最初からそれを想定してプロジェクトの費用やスケジュールを余計に確保しておくユーザは少ないようです。私の経験で言えば、ベンダの当初見積もりの2倍程度のお金と時間がかかってしまうことはめずらしいことではありません。ユーザとしてはベンダと約束したお金と同じ程度の金額をこっそりとプールしておくと共に、スケジュールについても大幅

な遅延を見越して社内調整をしておいた方が身のためです（もちろん、最初からベンダに手の内を見せる必要はありませんが）。

　「それじゃあ、いくら用意しても足りないじゃない。ウチには1億円しかないよ」とお考えのあなた、話が逆です。手元の予算が1億なら当初の開発費用として準備できるのは5千万円です。5千万しかないなら、作れるシステムの規模は2千5百万円です。それが、ユーザがシステムに投資できる金額です。準備できるお金を全て最初から投入してしまうなどということは、帰りの電車賃まで使って馬券を買うようなものです。

ユーザは自らのリスクを早めに開示する

　さて、ここから2つはリスクのお話です。たとえば、組織には人事異動がつきものです。プロジェクト中にユーザ側のキーパーソンがいなくなることもあるでしょう。これはベンダにとって大きなリスクになります。それまでの経緯を知らない人に最初から要件やプロジェクトの進め方を説明し、相手が納得するまで次に進めないような事態はプロジェクトのスケジュールに影響しかねませんし、ときには、前任者と違う考え方の担当者が要件や実現方式をひっくり返してしまうこともあります。また、実際に業務でシステムを使用するエンドユーザ部門の有権限者の多忙もリスクです。こういう人が、他の仕事に時間をとられ、いつまで経ってもシステムの要件を決められずにベンダが立ち往生する姿はめずらしくありません。そしてこうしたことは、おそらくユーザが考える以上にベンダを苦しめます。ベンダは要件を決めながら、裏では要件にあった設計の検討や人、モノの手配等を影で行いますので、これが途中で変わったり、決めてくれなかったりすることはプロジェクトの推進に大きく影を落とすことになるのです。

　ですから、ユーザは自身の体制やさまざまな約束事の遅延等プロジェクトに影響を及ぼす危険を察知したら、実際にそうした事象が発生する前に、なるべく早くベンダに伝えておく必要があります。社内の事情もあることですから、そう簡単にオープンにできない情報もあるかとは思いますが、できる限り早めに伝えておけば、ベンダもさまざまな対応策を考えることができます。社内の規則を破る必要まではありませんが、不確定なリ

スクであってもとにかく早期に伝えることが、結局のところユーザ自身のためにもなります。

ベンダのリスクを受け入れる

　ユーザのリスクを積極的に開示するなら、ベンダのリスクも積極的に出してもらう必要があります。たとえば、期間の長いプロジェクトの場合、上流工程の作業中に下流工程をやってもらうメンバーのアサインをベンダが行えていないというのはよくある話です。こんなとき、「人もいないのに受注したのか」と文句を言っても始まりません。こうしたことをベンダから早めに聞き出し、ユーザ自身にも何かできることはないか、いつまでにそうした手段を打たなければならないのかをベンダと話し合うことが大切です。もちろん、プロジェクト開始当初からガッチリと人をおさえておいてくれればベストですが、労働力の流動性の高いIT業界において、数ヵ月、数年先の要員をしっかりとおさえ込んでおくことは、現実的には困難です。

　また、技術的なリスクについても同様です。ベンダが提案したシステムの実現方式やパッケージソフトが実は適応できないとわかったとき、システム開発には、そうしたことがつきものであると最初から腹を括って、プロジェクト開始当初に実現性に少しでも不安のある部分をリスクとして洗い出し、早期の実証実験や駄目だったときの対策をベンダに提案させるべきです。こうしたことはユーザから水を向けてあげないと、ベンダは自身が提案した方式であるが故になかなかできません。世界的なITベンダと大手銀行との間に起こったパッケージソフト不適合に起因する訴訟などは、その最たるものでしょう。

　本章では、ベンダがプロジェクト管理義務を果たすにも、実はユーザの協力が必要だというお話をしました。既に、システム開発を経験され、実感のある方もいらっしゃるかもしれませんが、ユーザというものが、ただ"お客様"としてベンダの作業を待っていればよいというものではないことがおわかりいただけたのではないでしょうか。「カスタム開発はベンダのみでできる物ではない」とは、IT訴訟における裁判所の常套句です。

第3章

システムの要件定義とは

第3章　システムの要件定義とは

　これから何章かに分けて、コンピュータシステムの要件定義についてお話ししたいと思います。要件定義というのは、導入するシステムにどんな機能を持たせるか、どんな速度でどんな使い勝手にするかといったことを定義していく作業ですが、実はこれが、一般のユーザにとっては相当に難しい作業で、システムに持たせたい機能や性能をベンダにうまく伝えられず、できあがったシステムを見て「こんなはずじゃなかった」とベンダ相手に大喧嘩をするプロジェクトが後を絶ちません。ユーザが「ここは、顧客の購買履歴のサマリを出してくれって頼んだぞ！」と言えば、ベンダが「えっ？　購買履歴の一覧と聞きましたけど」と答えたり、「この処理に1時間もかかっていたら仕事にならない」と言えば、「時間のことなんか聞いてないですよ」と反論したり。皆さんの周りでは、こんな会話が聞かれることがありませんか？　あるいは、皆さん自身が、こうした台詞を吐いて嘆いたことはないでしょうか？

システム開発失敗の大半は要件定義の問題

　実際のところ、コンピュータの機能や性能をもれなく矛盾なく整理して日本語で伝えるというのは、どこの会社でも苦労しているところで、以下のような調査結果も出ています。

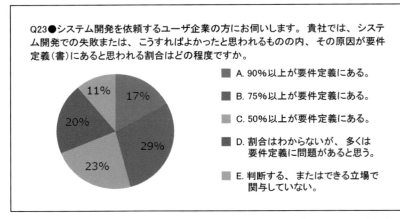

● 図3.1　情報処理推進機構　ソフトウェアエンジニアリングセンター「アンケート調査報告 2005/6/29-7/1 SODECにおけるアンケートによる」より

22

第3章　システムの要件定義とは

　少し古いデータではありますが、システム開発の失敗のうち実に9割が要件定義に関するものだとする調査結果です。2008年に実施された日経BP社による調査では、システム開発の7割強が失敗に終わると言われていますので、両者を掛け合わせて考えると、システム開発は、6割以上が要件定義を原因として失敗しているということになります。つまり、システム開発を2度経験して、2度とも要件定義がすんなり終わったとすれば、それはかなり希有な例だということになります。

　もちろん、この2つの調査は調査の対象や時期も違いますし、調査者も異なりますので、こんな単純な掛け算で何かを結論づけることはできませんが「要件定義がうまくいかなくて、プロジェクトが失敗した」という話は裁判所でも本当によく聞く話で、以下のような裁判をはじめとして、星の数ほどの紛争やトラブルが起こっています。

要件定義の不備が原因となった裁判の例

（東京地方裁判所　平成17年4月22日判決より）

　あるユーザが書籍在庫管理システムを刷新することを計画し、既存システムの機能に新機能を追加して要件定義を行ったが、既存システムの一部機能（個別出版社対応機能）を明確に要件として定義していなかったため、ベンダはこの部分を作らなかった。

　納入直前にこのことに気づいたユーザは、急遽ベンダに依頼してこの機能を追加し、システムは完成したが、完成後ベンダから追加費用を請求されたユーザは、この追加機能は、要件として定義しなくても既存システムの機能である以上当然に実装されるべきもので要件追加ではないとして、支払いを拒んだ。

　これに対してベンダは、"個別出版社対応は追加要請分であり費用を支払うべき"と主張して裁判となった。

　この裁判の判決がどのようなものであったか、そこから得られる知見がどのようなものであったかについては次章以降でご説明したいと思いますが、裁判にまで発展しなくとも要件定義を巡るトラブルが本当に多いこと

23

は、私自身の経験に照らしても（もしかしたら読者の皆さんの実感としても）うなずけるところかもしれません。

要件とは、どのようなことを決めるのか

　そんなこともあり、これから少しの間、要件定義を中心にお話ししていきたいと思います。ただ、これからの内容を読んでいただくためには、少しだけ頭に予備知識を入れておく必要があります。そもそもコンピュータシステムの要件とは、どのようなものであるか、どのようにして決めていくのか、そのあたりのイメージをぼんやりとでも掴んでいただく必要があります。

　ここでは、このあたりについてご説明させていただきます。ちょっと小難しい言葉も入ってしまいますが、システム開発・導入プロジェクトの経験のない方にもなるべくわかりやすく説明させていただきますので、少しだけ我慢して読んでみてください。

① 業務要件

　コンピュータシステムを作るための要件は、大きく「業務要件」と「システム要件」に分けられますが、最初に定義されるのが「業務要件」の方です。そもそも、どんな業務を実現しようとしているか、現状から何を改善しようとしているのかを、とりあえずコンピュータの話は抜きで決めるのが「業務要件」です。

　業務要件定義では、まずシステム化の対象となる業務を明らかにし、誰がどのような業務をいつ行うか、その業務の制限時間はどうか、その他制約事項はないか、といったことを定めます。繰り返しになりますが、ここではコンピュータのことを忘れ、システム化対象の業務自体の機能を考えます。企業の「給与計算業務」に求められる機能を考えてみましょう。「給与計算」という業務をもう少し細かく分けます。分け方はいろいろですが、“ある人や部門が情報や指示を受け取り、何らかの処理をして、何かを出力する”という、「入力」「処理」「出力」の単位で切り出すのが一般的です。「給与計算」であれば、こんな機能に分解できるでしょうか。

- 社員が、自身の勤怠を申請する勤怠申請機能
- 社員の上司が、申請された勤怠情報を確認し、承認する勤怠承認機能
- 給与計算者が、承認された勤怠情報をもとに給与を計算する給与計算機能
- 給与課長と人事部長が、計算結果を確認して承認する給与承認機能

　上のように業務機能を分解できたところで、各機能の入出力と処理を定めていくわけです。上の「勤怠申請機能」であれば、入力は勤怠情報（出勤日、有給休暇取得日、出勤時刻、退社時刻、控除時間出勤日数）ということになるでしょうか。処理は、入力された勤怠情報に誤りがないことを確認して就業時間を計算し、上司に承認申請を行うこと、出力は、そのようにして発信した承認依頼情報でしょう。これで入出力と機能に関する要件を定めることができました。

　一方で、この承認機能には、いくつかの前提条件や制約条件があることも明らかにしていく必要があります。承認者は申請者の上司でなければならないとか、毎月20日までに承認をしないと給料の支払い期日が守れなくなる等、機能と入出力だけでは表現できないさまざまな条件を前提条件、制約条件として定義します。

　「当社には、日本語と英語を母国語とする社員がいる」「当社規定では、承認者が不在の場合、承認者の上席者が、承認を代行することとなっている」などが前提条件、「当社社員が、勤怠申請に割ける時間は、15分が限度である」等が制約事項といった具合に記述します。以上が、「業務要件」のあらましになります。

② システム要件

　もう1つのシステム要件定義は、業務要件をITシステムでどのように支援するか、どのような機能をシステムに具備しておくべきかを明らかにします。上の例の勤怠申請機能から考えると「社員が勤怠情報として、出勤日、有給休暇取得日、出勤時刻、退社時刻、控除時間を記入した後、就業時間を計算して追記する」という業務要件は、「勤怠情報入力画面を表示する」「初期値として社員番号、社員名、入力対象月別カレンダーを表示する」「出勤日、有給休暇取得日、出勤時刻、退社時刻、控除時間を入力できる項目を表示する」「入力時の論理チェックはこの場合、行わない」と

いった具合にシステム要件に置き換えられます。これらは、システムが持つべき機能を明らかにするという意味で「機能要件」と呼ばれます。

一方、上述の前提条件や制約条件等から、システムの処理速度や操作性、セキュリティ等を明らかにしたものを「非機能要件」と呼んで、「機能要件」と区別しています。「非機能要件」は、要件定義でも見落とされることが多く、IT紛争でよく問題になる要件です。

あまり長くなるとあくびが止まらなくなってしまうので、ここでの説明はこれくらいにしたいと思います。より詳細な説明が必要な部分については必要に応じて触れていきたいと思います。妙に教科書っぽい説明で申し訳ありませんが、今後のお話をご理解いただくために必要な事柄ですので、ちょっと頭に入れておいてください。

要件とは、どのようなことを決めるのか

こうした要件定義は、本来、ユーザ側の責任で行われるべきものです。オーダーメイドで服を作ろうと思えば、どんな形でどんなサイズを作ってほしいかを買い手の側が提示しなければならないのと同じで、裁判所の判決も、そのような考え方をもとに下されます。

しかし、上述の説明をご覧いただければわかる通り、コンピュータシステムの要件というのは、やはり難解であり、ユーザサイドだけで決めきるには相当なスキルが必要になります。そこで多くの場合、要件定義をとりあえず専門家であるベンダにやってもらい、ユーザは、それを検証して承認するという形式がとられます。ベンダの作成した要件定義書にユーザが自分の名前を書き込んで、自分の作品とするといったイメージですね。

双方のスキルギャップを考えれば、そうせざるを得ないのも現実ですが、実は、多くのIT紛争がこうした要件定義のやり方が原因となって発生しています。ベンダは、ユーザ業務のプロではなく、ユーザはコンピュータのプロではないからです。本当に業務を理解しないままベンダが書いた要件には抜け漏れや勘違いがつきものであり、"システムのことはわからないから、基本的にはベンダに任せるしかないと考える"ユーザがこれを検証しても、実際のところなかなかうまくいくものではありません。やはり、理想は、ユーザがしっかりと要件定義の方法論を理解し、本当に自分達のほしいシステムをしっかりイメージした上で、ベンダに作業を依頼

することでしょう。そうした考えは多くのユーザにも受け入れられているようで、先ほどの情報処理推進機構によるアンケート調査では、別の質問項目において、多くのユーザが自身で要件定義を学ぶべきであると考えていることがうかがわれる結果も出ています。

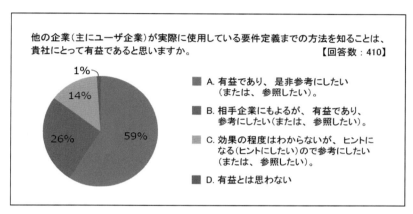

● 図3.2　情報処理推進機構　ソフトウェアエンジニアリングセンター「アンケート調査報告 2005/6/29-7/1 SODECにおけるアンケートによる」より

　以降では、読者の皆さんに要件定義の重要性や注意点をより深くご理解いただくために実際の紛争事例から得られる反省や知見についてご紹介します。ユーザが何に気をつけ、何をすればよいのか、といったことを書いていきたいと思います。

第4章

業界の常識を知ること・
知らせることの大切さ

第4章　業界の常識を知ること・知らせることの大切さ

　前章から、システム開発のトラブル原因の横綱とも言うべき"要件定義"についてお話ししています。システム開発に失敗したユーザの9割が、失敗には要件定義が関係していると考えていることに、読者の皆さんはどのような感想を持たれたでしょうか？　「さもありなん」「当然のこと」と感じられた方も多かったかもしれませんね。それくらいに、この要件定義にまつわるトラブルは、システム開発において日常茶飯事であり、大多数のユーザがもっとも頭を痛める問題でもあります。

　一体どうすれば、システムの要件を正しく定義し、トラブルなくプロジェクトを進めていけるのでしょうか。残念ながら「こういうことをちゃんとやっておけば大丈夫」という"銀の弾丸"は、まだ見当たっていません。たくさんの人がモヤモヤっと考えるシステムや業務のあるべき姿を、妥当性、網羅性、整合性、正確性を保ったまま、誰もが正しく理解できる日本語で表すのは、事実上不可能と言ってもよいのかもしれません。
　しかしだからといって、これを諦めたら世界中のシステム開発が立ち行かなくなります。"銀の弾丸"とまではいかなくても、現状の開発を少しは"マシ"にする知恵や工夫といったものをさまざまなトラブルプロジェクトから探ることは可能ですし、続けていかなければならないでしょう。
　というわけで、本章もIT訴訟の事例を反面教師にして少しは"マシ"な要件定義を行うための知見を探っていきたいと思います。ここでは、前章で持ち出した判例をもとに、ベンダに業務知識を持たせることの重要性についてお話ししたいと思います。

業務知識が足りないベンダが行った開発

要件定義の不足による裁判の例

（東京地方裁判所　平成17年4月22日判決より）

　あるユーザが書籍在庫管理システムを刷新することを計画し、既存システムの機能に新機能を追加して要件定義を行ったが、既存システムの一部機能（個別出版社対応機能）を明確に要件として定義してい

なかったため、システム完成後ベンダから追加費用を請求されたが、ユーザがこの支払いを拒み訴訟となった。

　ベンダの"個別出版社対応は追加要請分であり費用を支払うべき"との主張に対し、ユーザは"本件開発は既存システム機能の継承＋新機能追加であり、個別出版社対応も当然に行われるべきだ"と反論した。

　補足をすると、このシステムは出版社が出した書籍の在庫を管理する目的で開発を行ったものです。いくつかの出版社の在庫を引き受けて倉庫に置いておき、注文があれば注文主に向けて配送をする業務を支援するシステムなのですが、このユーザが持つ既存システムには個別の出版社（ユーザから見てのお客様）に対応するプログラムがあったのです（どのような機能を持つプログラムであったのかは、本論と無関係ですので割愛します）。

　ところがユーザは、この"個別出版社対応機能"を新システムの要件として定義しなかったのです。機能が不要だったわけではありません。既存のシステムに含まれる機能は当然に開発してくれると考えたのです。書籍の在庫管理をする以上、個別の出版社に対応する機能が必要であることくらい当然にわかるだろうという考えだったようです。

　しかし、ベンダは要件として定義されていないこの機能を作ることはしませんでした。確かに既存システムに個別出版社対応機能があることはわかっていたと思いますが、要件として定義されていない以上、今回の開発では、それが不要だとの判断があったのでしょう。レストランで料理を頼んだとき"フォークやナイフが出てくるのは当然"と考えるユーザと"マイ箸を持参したのかな？"と考えるベンダの思い込みが、こうしたトラブルを生んだというわけです。

第4章　業界の常識を知ること・知らせることの大切さ

"この程度のことはわかって当然"が招くトラブル

　さて、この訴訟について裁判所は、どのような判断を下したでしょうか。判決の要旨は以下の通りです。

（東京地方裁判所　平成17年4月22日判決より）〈続き〉

　本件開発業務範囲には当該プログラム（個別出版社対応機能）は含まれていない。

　（中略）

　この点を請負業務の未完成の理由として主張することは信義則上許されない。

　ご覧の通り、実にシンプルな言葉でユーザの主張を退けています。"個別出版社対応機能"は、要件として定義されていません。定義されていない機能を作らないからといって、未完成などと言えないというものです。当たり前です。なぜ、ユーザはこんな主張をしたのかと、首をかしげてしまうほどです。

　しかし、要件定義に関するIT紛争事例を調べてみると、例示した裁判と同じように、ユーザが"こうした機能は、この業界では当然のことであり、わざわざ要件定義しなくても当然に具備すべき"と主張することがめずらしくないことに気づきます。

　ある航空券の発券システム開発を巡るトラブルでは、オペレータがシステムの中核であるデータベースを直接操作することを業界の常識から考えて当然に必要な機能であるとユーザが主張しています。また、ある医療機関の検診支援システムでは、診療時間の関係で、午前中に行った診断に関わる帳票の出力は全て昼休み中に終わらなければならないとする要件を、"検診業務を理解していれば当然にわかるはず"と要件定義書に記載せず、結果的にベンダが業務に使えないシステムを作ってしまった例がありました。

32

ベンダの業界知識不足はユーザの責任

　読者の皆さんは、こうした例をご覧になってどのように感じられるでしょうか。やはり、ユーザ側が言葉足らずだったのでは？とお考えでしょうか。ユーザ側が甘えすぎでは？と考える方もいるかもしれませんね。

　しかし、"明日はわが身"です。皆さん自身の中にも、"これくらいのことは、他業界の人でもわかるだろう"と考えていることはありませんか？　客観的に見て"言わなければわからないだろう"と考えられることでも、皆さんには当たり前過ぎて、気づかないことが、もしかしたらあるかもしれません。

　生命保険において、"全ての特約の掛け金を半額にするキャンペーン"といっても介護特約だけは割引にできないこと、証券取引において、その時点での株価よりも低い金額で売り注文を出すといった非常識なことが、実際にはあり得ること等々、その業界にいれば当然のことが、ベンダには想像できないといったことが、実際にはたくさんあるものです。システム開発においては、こうした思い込みがかなりクリティカルな状況を生みます。この手のことは、システム開発の最上流工程で埋め込まれる欠陥になりますので、後で発覚すると大きな手戻りを生み、プロジェクト全体の見直しや頓挫につながる可能性が非常に高くなります。

　システム開発の要件定義は（原則としてユーザが行うべきことですが）多くの場合、実質的にベンダが行い、ユーザが承認する形で行われますので、ベンダが業務知識や業界やユーザ企業の常識・慣習に精通していないことは非常に危険です。このことは、仮にベンダが業務に精通した要員をアサインしたとしても同じだと考えるべきです。いくら同様のシステム開発の経験があったとしても、ベンダはあくまで他業界の人間であり、この手の要件モレがあったところで"この業界のことをわかっていると言ったじゃないか"と責任を問えるケースは稀です。

　結局のところ、要件定義の責任はユーザ側にあります。その責任は単に要件をとりまとめてベンダに伝えることにとどまらず、要件定義とシステム開発に必要な知識、注意点をベンダに教示することも含まれると考えた方がよさそうです。

第4章　業界の常識を知ること・知らせることの大切さ

自社の新人のつもりでベンダを育てる

　大手の金融機関では、ベンダへの知識提供をしっかりと行っている例が多いようです。私も、自身がシステム構築やコンサルテーションを担当した証券会社や損害保険会社、官庁系金融機関で、こうしたレクチャをしっかりと行っていただきました。

　具体的には、まず各ユーザ企業において行われる新人研修のマニュアルを用いて、基本的な業務の流れや業界の規則、慣習等を教えていただいた後、システム化の対象となる業務について、その詳細や一般の人が勘違いしやすいこと、従業員がやってしまったミスや各種の事故・トラブル等について教えていただきました。

　結局のところ、レクチャ期間は数週間から1ヵ月にも及ぶもので、プロジェクト全体のスケジュールにも多少の影響を与えたのですが、結果的には大きなトラブルなくプロジェクトを完遂することができました。私は新入社員当時から金融系のシステム開発に携わり、その時点で、証券会社、保険会社の業務について、ある程度の知見を持っていると自負していましたが、実際に教えてもらったことは知らないことだらけでした。今振り返ると、こうしたレクチャなしに要件定義を行うことなど、とてもできることではなかったと思います。

　もしも、ユーザ側の読者の皆さんの中に"客である我々がなぜそこまで？"と考える方がいらっしゃるなら、第1章と第2章で取り上げた"ユーザの協力義務"を思い出してください。システム開発におけるユーザは、単なるお客様ではありません。ベンダが、ITの専門家として責任を果たすのと同じように、ユーザには業務の専門家としての責任があります。こうしたレクチャはユーザの義務であり、それなくしてはITプロジェクトの成功はおぼつかないと言ってもよいと私は思っています。

　また、ベンダ側の読者の方はこうしたレクチャを受け、十分な知識を得ることを、要件定義工程開始のクライテリアと考えてみてください。生半可な知識と経験にも関わらず、背伸びをして"大丈夫です"と言うのは本当に危険なことです。そしてもっと性質が悪いのは、いわゆる"無知の無知"、つまり"知っているつもり"です。自分の知識レベルを自分で判断せず、とにかくユーザに教えを請うことを心がけてください。

本章では、ベンダの業務知識と、その欠如によるトラブルの例について
お話ししました。ユーザの方は自分達が当たり前と思っていることを当た
り前と思わない、ベンダの方は自分達が知っていると思っていることを
知っていると思わない、お互いの過信から来る心の隙のようなものを見逃
さない注意深さと努力がプロジェクト成功には必須ということになるで
しょうか。

第5章

紛争の責任をベンダ側が負う場合

第5章　紛争の責任をベンダ側が負う場合

　これまでどちらかというとユーザ側に厳しい判決の出たIT紛争事例について書いてきましたが、そもそも、IT訴訟というのは、いつもユーザ側に厳しい判決が出るものなのでしょうか。もちろん答えは否です。裁判では、ベンダに厳しい判決もかなり出ており「ユーザが期限通りに要件を決めないのは、ベンダがちゃんとプロジェクト管理を行わないからだ」とベンダの責任を重く見るものが多く見られます。もし、ユーザ側の立場にある読者の皆さんがこれらの判決を見たら「あー、自分はコッチ側の人間でよかった」なんて感想が出てくるかもしれませんね。

ITベンダにも厳しい裁判所の判断

　そんなこともあり、本章では、紛争の責任をベンダ側に求めた例をご紹介したいと思います。「そんなの、ユーザが読む必要あるの？」とお思いの方もいるかもしれませんが、そもそもITプロジェクトはユーザとベンダの戦いの場ではありません。双方が協力してよいシステムを導入し、よい結果を得ることを目的としています。もしもベンダがその役割や責任を十分に果たせないときには、ユーザがベンダを助けてあげなければならないのです。本章は、そんなことも考えながらお読みください。まずは事件の概要です。

契約範囲を超える機能追加に関する裁判の例

（東京高等裁判所　平成26年1月15日判決より抜粋・要約）

　ある出版社（以下、ユーザ）が、ベンダに新基幹システムの開発を委託したが、開発したシステムには多数の不具合が発生し、当初納期を半年過ぎても150件あまりの不具合が残存していたため、ユーザはこれを検収せず、その後数ヵ月を経ても、システムの不具合はなお数十件残存し、改修の見込みも立たないためプロジェクトは頓挫した。ベンダは不具合の残存は認めたものの、その原因はユーザによって、外部設計工程に入っても繰り返された要件変更にあるとし、また、シ

ステム自体は完成していることから、ユーザに費用を請求するが、ユーザはこれを拒否して紛争となった。

　"お決まり"というか典型的なパターンと言ってよい紛争でしょう。「システムは完成したからお金ください」「バグが多くて使えない。完成したなんて言えない」「いやいや不具合が多いのは、お宅が要件変更を繰り返し過ぎたからでしょ」と言ったやりとりが目に浮かぶようです。

　こうした争いについての判決は、それぞれの紛争の背景や事情によりさまざまです。ですが、判例をいろいろと見ていると、裁判所が要件定義においてユーザとベンダの責任をどのように考えているのかが透けて見えてきます。そのあたりをご紹介した上で、こうした紛争に陥らないために、ユーザとしてどのようなことを心がけるべきかを考えてみたいと思います。

ITベンダに問われる"専門家責任"

　この判決には、「システムが完成したかどうかは、何をもって判断されるのか？」「システムのバグや不具合を瑕疵と判断するのは、どのような基準か？」など、IT開発を巡る紛争を研究する上で、非常に有効な知見を含んでいるのですが、それらについては別の機会で触れるとして、本章では、やはり多くの紛争で議論の的となる"ユーザの要件変更"についてお話ししたいと思います。

　要約でも触れている通り、このユーザは要件定義フェーズが完了して設計工程に入っても、延々と要件の変更を繰り返していたようです。「前はいらないって言ったけど、ユーザ部門に聞いたら、やっぱり、この機能でして…」「いやいや、これがないとシステム入れる意味がないんですよ」「ここの画面、なんか操作性が違うなあ、もっとわかりやすくならない？」

　これらは、あくまで私の経験から勝手に書いたユーザの台詞ですが、この事件でも、おそらくユーザは、このようにして一度決まった要件を変えていったのでしょう。

39

第5章　紛争の責任をベンダ側が負う場合

　ベンダにしてみれば、たまらなかったかもしれません。設計以降の工程で要件変更があれば、一度作りかけたものを修正したり、それまでの作業が全部無駄になったりします。それが繰り返された上に、費用も納期も変更してくれないとなれば、ベンダは経営的にも、肉体的にも、精神的にも相当疲弊したことでしょう。ベンダの主張する通り、こうした変更の繰り返しがシステムの不具合に結びついたとしても、さもありなん、といったところでしょう。

　確かにITの要件というものは、ほとんどの場合、要件定義完了と同時に全てが凍結されるものではありません。この事件もそうですが、設計工程に入って、ひどいものは最終のシステムテストの工程に入ってから変更要望が出ることもあります。

　しかし、モノには限度があります。時間と工数の中で行えることには自ずと限界があり、本稼動までに残り2ヵ月の時点で、6人月分の要件変更を要望されても、対応はできません。無理に作業を行えば、当然に作業品質が悪くなり、検証もいい加減になるため、今回のように多数の不具合が発生することになります。使いものになるシステムを予定通りに稼動させるためには、たとえユーザから見て不満が残っても、どこかでは変更要求をストップさせないといけません。これは、比較的変更要望に柔軟に対応できるアジャイル方式開発でも同じことです。こうした考えのもと、裁判所は、この事件でも以下のようにユーザの責任に言及しています。

（東京高等裁判所　平成26年1月15日判決より抜粋・要約）〈続き〉

　本件新基幹システムに多数の不具合・障害という瑕疵を発生させた原因の1つとして、ユーザとベンダとの間で費用負担についての明確な合意がないまま、ベンダがユーザの変更要求に応じて多くの変更をして混乱が生じ、約定された検収完了時期の遵守も困難になったことがあると認められる。

　（中略）

　外部設計後に多数の変更を行えば、本件新基幹システムにおける不具合・障害の発生の可能性を増加させ、その検収完了が遅延するおそれが生じ得ることに照らせば、ユーザがベンダに対し本件新基幹システムについて多数の変更を申し入れたことは、本件ソフトウェア開発

40

個別契約の目的を達成できなくなった原因の1つであると認められ、その点においてユーザに過失のあることを否定できないのである。

「そんなに変更要求をしたら、不具合だってたくさん出ちゃうよ」というこの判決には、ユーザ側の読者の皆さんにも、ある程度は納得感のあるものではないでしょうか。私自身もこの判決をここまで読んだ時点では、ごく自然に、その主旨を飲み込むことができました。

ところが、裁判所は返す刀でベンダの責任についても言及しています。裁判所は、まずユーザがITに関して専門的な知見を持っていないことを前提とした上で、以下のように述べています。

（東京高等裁判所　平成26年1月15日判決より抜粋・要約）〈続き〉

　ベンダは、システム開発等の専門的知見や経験を備えた専門業者であって、ユーザからの変更の申し入れに応じることが、本件新基幹システムにおける不具合・障害の発生の可能性を増加させ、そのために検収終了時期を大幅に遅延させ、本件ソフトウェア開発個別契約の目的を達成できなくなる場合においては、

　（中略）

　その専門的知見、経験に照らして、これを予見した上、ユーザに対し、これを告知して説明すべき義務を負うものであって、なお、ユーザが変更を求めるときは、これを拒絶する契約上の義務があると認められるのである。

　（中略）

　ベンダのこのような義務違反がユーザの上記過失の一因となっていることが否定できないのである。

　裁判所は、ユーザが要件の変更を繰り返した場合、ベンダはそのリスクを説明して、場合によっては拒絶しないといけない。今回はそれをしなかったベンダに責任があると言っています。

ベンダに責任を果たしてもらうために、ユーザが心がけるべきこと

　私は、調停委員という仕事を始めてもう何年も経ちますので、最近でこそ裁判所のこうした判断にも随分と慣れてきましたが、当初はベンダの専門家責任をここまで大きく考えるのかと随分と違和感を覚えました。おそらく多くのベンダ側の皆さんもそうでしょう。ユーザ側の皆さんはどうでしょうか。

　裁判所の言うことは、確かに正論です。ベンダがユーザを適宜ガイドしてあげないことには要件定義はもちろん、システム開発自体もうまくはいかないでしょう。

　しかしそれは、あくまでユーザ側が"聞く耳"を持っていることが前提です。現実には、いつまでも要件を凍結しないことに困ったベンダが、リスクの説明や変更の拒絶をしても、「それでは検収できない」「これがないとシステムの目的を果たせない」と譲らず、それでも最終納期と費用は変えないとするユーザはかなり多くいます。ときどき「他の要件を落としていいから」と条件提示するユーザもいますが、これもベンダからすれば、手戻りが発生したり、体制の組み直しが必要な場合があったりと、つり合わない話である場合が圧倒的多数です。

　それでも、お金をくれるお客様から「どうしても」と言われれば、最終的に赤字を出しても対応せざるを得ないのがベンダです。ユーザはベンダが何を言おうと無理強いできる立場にあるのです。だからこそ逆にベンダの話すリスクや懸念には真摯に耳を傾ける必要があります。そうしないと、結局、ベンダが無理をして、この判決にあるように不具合だらけのシステムを受け取る羽目に陥ってしまいます。ベンダの言葉に耳を傾け再考する姿勢は、結局ユーザのためにもなることです。

　何でもベンダの言う通りにしろという話ではありません。しかし、少なくとも、話されるリスクに対して自分達の立場を押し付けるだけではなく、ベンダの立場も理解する心が必要であり、一緒に相談する姿勢が必須というわけです。

第5章　紛争の責任をベンダ側が負う場合

　他ではいざ知らず、IT の世界では"お客様は神様"ではありません。パートナーであり、一緒に悩む仲間であることを、ユーザ側の方にはぜひ考えていただきたいところです。

第6章

ソフトウェアの不具合は不可避だが
全てが許されるわけではない

第6章　ソフトウェアの不具合は不可避だが全てが許されるわけではない

　日本という国は、モノの品質に非常にうるさい国で、デパートでモノを買って郵送してもらったとき、その包装が破れていただけでも返品されるケースもあるくらいです。そんな日本の消費者や使用者から見て「一体何だこれ？」と言いたくなるのがソフトウェアの品質でしょう。Windows が突然動かなくなったり、Excel が間違った計算をしたりするのを見て、「これで人から金をとるのか？」とあきれる日本人は今でも多くいます。「もっと真面目にテストしろ」と言いたくなった経験はベンダ出身の私にもあるくらいです。

　とはいえ、実際問題としてソフトウェアをバグなしでリリースすることは至難の業というか、事実上不可能です。コンピュータのソフトウェアというのは、何十万、何百万行に上る、わけのわからない記号や単語の集合体であり、普通の人間が、これを間違いなく書くことなど神業です。もしもユーザ企業が、納品されたソフトウェアに1つでもバグがあることを理由に検収を拒否したとしたら、世の中の IT ベンダのほとんどが商売を投げ出さざるを得なくなるでしょう。

　しかし、ユーザ側から考えれば、ソフトウェアのバグのために業務が止まってしまったり、多額の損失が出たりするのは大問題です。コンピュータの不具合のために百億を超える損失を出した事例もありますし、スペースシャトルの打ち上げが失敗して乗組員全員が死亡してしまった事故も、その原因の1つにソフトウェアのバグが挙げられています。こうなるとさすがに「コンピュータのことだから少しくらいの不具合は仕方ないね」などとは言っていられません。

　ソフトウェアにはバグがつきものなのだから仕方ないと考えざるを得ないケースと、そうは言っていられないというケースの両方が存在するわけです。

　では、一体、どの程度のバグであれば、ベンダが責任を負うべきなのでしょうか。逆に、どの程度の迷惑を被れば、ユーザはベンダに賠償を請求できるのでしょうか。本章からは、そのあたりについて裁判所が、どのようなポイントで判断をしているのかについてご紹介したいと思います。まずは、参考となる判例からご覧ください。

46

第6章　ソフトウェアの不具合は不可避だが全てが許されるわけではない

ソフトウェアの不具合による契約解除が争われた裁判の例

（東京高等裁判所　平成14年4月22日判決より抜粋・要約）

　あるソフトウェアベンダ（以下、ベンダ）は、ユーザ企業（以下、ユーザ）の販売管理等全社システム開発を請け負った。プロジェクトは、納期こそ遅れたものの、一応、予定の作業を完遂し検収を受けることができ、システムは本番稼動に至ったが、稼動後に多数の不具合があることが発覚し、ユーザはこの修正を求めた。

　一方、ベンダは開発の残代金約1億1000万円を請求したが、ユーザは不具合の残存を理由に、これを拒絶した。

　このためベンダは、支払いを求めて訴訟を提起したが、ユーザは逆に本契約を解除し、既払いの内金の返還請求と、損害賠償請求をベンダに対して行った。

※()内は、筆者の加筆

　この裁判では、システムにバグがあったこと自体は争いがありませんでした。ベンダもユーザから指摘された機能上、性能上の問題についてはその存在を全て認めているようです。争われたのは、システムの完成と損害賠償についてです。問題を少し整理してみましょう。

問題の整理

1. システムは完成したのか。
　バグつきのシステムは、果たして完成したと言ってよいものなのかどうか。

2. 本システムのバグは損害賠償請求の対象となる瑕疵か。
　バグはバグとしても、このシステムの不具合はユーザが損害賠償請求をできるほど重要なものなのかどうか。

47

第6章　ソフトウェアの不具合は不可避だが全てが許されるわけではない

　裁判では、こうしたことが問題となりました。まずは、1番目のシステムの完成についての判断を見てみましょう。このシステムは、一応開発を完了して検収も受けています。ただ、ユーザとしては、本稼動後に発覚したバグについては受入検査では検出できなかったものが多く、もし、これらの不具合がわかっているなら検収などしなかったと言っています。裁判所はこれについて、以下のように述べています。

不具合が残るシステムでも完成したと見なされるのか

（東京高等裁判所　平成14年4月22日判決より抜粋・要約）〈続き〉

　請負人が仕事を完成させたか否かについては、仕事が当初の請負契約で予定していた最後の工程まで終えているか否かを基準として判断すべきであり、注文者は、請負人が仕事の最後の工程まで終え目的物を引き渡したときには、単に、仕事の目的物に瑕疵があるというだけの理由で請負代金の支払を拒むことはできない。

　ご覧の通りこの事件では、裁判所はシステムの完成を予定していた工程を終えたか否かで判断しています。請負契約というのは、できあがった成果物に対して代金を払う契約なのですが、この場合は予定した工程が終わったからには成果物もできているという判断というわけです。このあたりは、完成したものの姿が見えづらいソフトウェアらしい考え方です。

　システムが完成している以上、ベンダは債務を履行していることになり、支払いの拒絶や契約の解除は認められないということになります。ユーザの立場とすれば厳しい判決かもしれませんが、だからこそ工程の完了基準や受入テストの内容については、当初から慎重に検討すべきということでしょう。

48

どのような不具合が損害賠償の対象になるのか

　では、成果物は受け取ったとして、そこに内在していたバグについてはどうでしょうか。損害賠償の対象となる瑕疵となるのでしょうか。続けて以下をご覧ください。

（東京高等裁判所　平成14年4月22日判決より抜粋・要約）〈続き〉

　情報処理システムの開発にあたっては、作成したプログラムに不具合が生じることは不可避であり、プログラムに関する不具合は、納品及び検収等の過程における補修が当然に予定されているものというべきである。

　（中略）

　このような情報処理システム開発の特殊性に照らすと、（中略）注文者から不具合が発生したとの指摘を受けた後、請負人が遅滞なく補修を終えるか、注文者と協議した上で相当な代替措置を講じたと認められるときは、システムの瑕疵には当たらない。

　裁判所は、まずバグの内容よりも、それが発覚したときのベンダの対応を問題にしています。要は、バグがどういうものであるかというより、ちゃんと使える状態にしてあげようとしたかどうかが、瑕疵かどうかの判断ポイントになるということです。新築のマンションを買ったとき、入居後一定期間が過ぎると建築業者が住人に不具合の有無を確かめにきます。このとき、不具合があったとしても、それを業者がきちんと修理すれば損害賠償の対象にはなりません。それと同じような考え方ですね。

　とはいえ、何でもかんでも「すぐに直します」と言えば済むというものでもないようです。判決文は以下のように続きます。

第6章　ソフトウェアの不具合は不可避だが全てが許されるわけではない

> **（東京高等裁判所　平成14年4月22日判決より抜粋・要約）〈続き〉**
>
> 　処理速度に関する不具合は、被告が本件システムを用いて通常業務を行う上で、看過することができない重大な不具合である

　数多く提示された不具合の中で、処理速度に関してだけは、損害賠償の対象となる瑕疵であると判断しています。ちなみに、この際に問題となった不具合は以下のようなものでした。

1. 在庫照会の検索処理に30分以上の時間を要する場合があり、その間、画面が止まったような状態になること
2. 売上計上等の処理速度も遅く伝票を出力するまでの待ち時間も長いこと
3. 1枚の仕入伝票を処理するのに約1時間かかること
4. 仮締処理では30分程度であった月次処理時間が翌年の時点で約4時間に増加し、その後も増加を続けたこと
5. システム内容を変更した場合、朝の電源投入処理に数十分の時間を要すること
6. 月次処理の実行中は、端末自体が使用できなくなること

　むろん、これは裁判所が性能要件にだけ厳しいということを意味しているわけではありません。ユーザの通常業務にどの程度支障が出るかを判断した結果です。このシステムのバグは、これ以外にも多数ありました。しかし、その多くが、ベンダが補修するまではユーザが我慢でき、業務への影響も限定的であるとして、瑕疵とは認められませんでした。
　一方、上述したような問題は一時期だけであれ、ユーザの業務を著しく阻害するものであり、看過できないとしたものです。つまり、裁判所はバグの内容よりも結果を重視しているのです。

ソフトウェアの不具合による契約解除が争われた裁判の例

　いかがでしたでしょうか。本章はソフトウェアのバグとシステムの完成、損害賠償についての解説でしたが、私はあえて、不具合の詳細について書きませんでした。それは、裁判所が不具合の内容や技術的な背景よりも、むしろ業務への影響を考慮して判断をする傾向があることに鑑みてのことです。

　ソフトウェアは業務の道具です。道具である以上、大切なのは役に立つかであって、それがどのような作りであるかは二の次というのが基本的な考え方のようです。その意味で言えば、検収や受入テストの主役は、あくまでユーザであるべきです。ベンダは情報システムのプロではあっても業務のプロではありません。検収基準や受入テストの内容はベンダ任せにせず、ユーザが自分達の業務をよく想起しながら、主体的に設定し検査をすべきでしょう。

第7章

そのシステム、何のために
導入したのでしたっけ？

ユーザ企業が情報システムを導入するのは、必ず何らかの経営的なメリットを求めてのことです。従来の事務処理を効率化してコストを削減するとか、顧客の管理を充実させて売上を拡大させるなど、その内容はさまざまですが、とにかく、ユーザ企業はシステム導入に掛かる費用以上のメリットを得られると踏んでシステム導入プロジェクトに"Go"をかけます。なので、もし、システム導入に関わる作業を外部のベンダに請負発注するなら、その契約書（もしくは別紙）にシステム導入の目的を記述し、ベンダによく理解してもらう必要があります。

システム導入の目的は忘れられる

ところが現実には、そうしたことが全くできていないプロジェクトも多く、私が知る事件の中にも、システム導入の目的が全くベンダに伝えられていないどころか、ユーザ内部でもすっかり忘れられたまま、要件定義書や、ひどいときには設計書を最上流文書としてプロジェクトを進めたようなものもあります。

本来、システムの要件や設計は、導入の目的を達成するために作られるものですから、目的なしにプロジェクトを進めたところで、できあがるのは経営に何のメリットももたらさない無用の長物となってしまいます（運よく経営寄与するシステムができたとしても、それは、ただの偶然です）。これでは、何百万円から何十億円というお金をドブに捨てるようなものです。

今、本書を机に座って冷静に読んでいる読者の皆さんの中には、「目的が大事って、そりゃ当たり前でしょ」と感じられる方もいらっしゃるかもしれません。でも、実際にプロジェクトが始まると、さまざまなタスクやトラブルの処理に追い立てられる中でユーザの担当者もベンダも視野狭窄に陥り、"遠い過去"に合意した"システム導入の目的"なんて設計書や定義書の下に埋もれたまま見向きもされなくなってしまうというのもよくある話です。

「バックオフィスの生産性を向上させる」という目的が定義されているのに、最新技術を駆使した作りにこだわるあまりオペレータに複雑な操作を強いて、かえって事務工数が増えてしまったり、「ビッグデータを利用してお客様のニーズに応える」と言っても SNS や Twitter でのつぶやきし

か取り込めず、一番肝心な販売店でのお客様の声を生かせない、それでも一応ビッグデータには違いないと、導入効果の少ないシステムを抱え込むことになってしまったり、といったことが実際にはよくあるものです。

なぜ、忘れられるのか

　しかし、システム導入の目的が忘れられてしまう原因は、本当に前述したようなメンバーの作業状況だけでしょうか。導入の目的を模造紙に書いてプロジェクトルームに貼り出し（これはこれで有効な手段だと思いますが）、毎朝、全員で復唱すれば、目的に合致しないシステムの導入は防げるものでしょうか。

　私が裁判所や現場で見聞きしたトラブル事例を振り返ってみると、原因はそれだけではないようです。目的が忘れられてしまう、あるいは軽んじられてしまう最大の原因は、その定義や書き方のあいまいさにあります。

　たとえば、上述したような目的をよく見ると、実際の改善ポイントがボヤけています。"バックオフィス"とはどこで、どんな作業や処理が非効率であるのか、この目的定義ではわかりません。同じようなことを意図していたとしても、「オペレータの操作を簡略化して処理時間を短縮する」と書けば、システムにおいてどこが重要な要件になるのか、すぐにわかります。"ビッグデータ"と言っても、それだけでは、どんな声をどこで拾うのが効果的なのかわかりません。アンケート結果なのか、SNSなのか、Twitterなのか、あるいは、その全てが揃わないといけないのか、そのあたりをハッキリさせずに"ビッグデータ"という言葉だけが一人歩きすると、結局何の役にも立たないシステムを作ってしまうことになります。「販売店でのお客様と声とSNS、Twitterの情報を取り込んで…」などできる限りあいまいさを排除して目的を定義しておけば、結果は変わってきます。

"目的のあいまいさ"に関する裁判の例

　しかし、残念なことに、世のシステム導入プロジェクトの中には、こうしたあいまいな目的を定義して、結果的に頓挫するものが少なくありませ

第7章　そのシステム、何のために導入したのでしたっけ？

ん。本章では、そんなシステム導入目的のあいまいさに関する判例についてお話ししたいと思います。

目的のあいまいさに関する裁判の例

（東京地方裁判所　平成22年12月28日判決より抜粋・要約）

　あるユーザ企業が、以下の目的で基幹情報システムの刷新をITベンダに依頼して行ったが、プロジェクトは使用したパッケージソフトの不具合やシステムテストの難航により頓挫した。

〈プロジェクトの目的〉
①　販売・購買業務の効率アップ
②　CRMの基盤作り
③　社長・役員に会社の全ての業務が正確に見える『見える経営』

　ユーザはシステム導入の目的実現のために契約を締結したにも関わらず、多数の不具合があったとし、債務不履行又は瑕疵担保責任に基づいて約1800万円の損害賠償を請求した。

　さて、いかがでしょう。本書ではいつも、章の序盤に事件の概要を問題提起のような体で書いてから、答え合わせのように判決の内容を書いていますが、本章を最初から読まれた方には、判決がどのようものであったか、想像がつくのではないでしょうか？　では、判決を見てみましょう。

抽象的な目的定義では、ベンダの責任は問えない

（東京地方裁判所　平成22年12月28日判決より抜粋・要約）〈続き〉

　本件（プロジェクトの）目的は「業務の効率アップ」「CRMの基盤作り」「『見える経営』を行う」など抽象的なものであり、目標値も「顧客との接点を増やす」「事務職の労力を内部統制・営業支援に振り分ける」「売上予想がより正確にできる」「過度な売上値引を抑制する」など、抽象的なものが多い（中略）システム開発会社であるベンダが、その達成を請け負うことができる性質のものではない。

　（中略）

　ベンダが、ユーザに対し、本件目的を達成するためのシステム開発を委託したものとまで認めることはできない。

※（　）内は、筆者の加筆

　ご覧の通り、結果はユーザ側に不利なものとなりました。こんな抽象的な目的では、ベンダに何の責任も求められない、というわけです。

　誰が見てもわかるように、この目的はあいまい過ぎます。たとえば、最初にある「業務の効率アップ」について、"プロジェクトの目的"か"目的達成の方針"に「各営業所に点在する顧客データを一元化して、社内の誰もが必要時に最新のデータを利用できるようにすることにより○○業務の効率を1.5倍にする」とでも書いてあれば、結果は違ったものになったでしょう。

　こうした目的が共有されていれば、ベンダにはデータを一元化して利用する機能とそれにより業務を現状より迅速にするという非機能を要件として定義し設計する責任が生まれます。もちろん、ベンダはその目的の達成には責任を持ちませんが、目的に向けた方針通りに専門家として知見を提供し、要件定義や設計以降の作業を行う責任は発生します。上述のような

第7章　そのシステム、何のために導入したのでしたっけ？

目的定義では、ベンダにほとんど（全くとは言いませんが）何も約束させることはできません。

経営層こそ、目的にナーバスであるべき

　もっとも、"システム導入の目的"は何も、いざというときベンダに責任を負わせるために定義するわけではありません。大切なことは最初に述べた通り、このシステムを導入することにより、ユーザ自身にどのようなメリットがあるか、経営方針に合致しているかといったことを確認可能な状態にし、そして必要なときに確認できることが大切です。

　その意味では、システム導入の目的や方針は、できるだけ具体的かつ、できれば定量的に書かれるべきであり、また、その内容を経営陣がよく理解していることが大切です。しかし、残念ながら私が目にしてきた失敗プロジェクトの多くでは、新システム導入の稟議が済んでしまうと経営陣の興味が離れ、時間が経つうちに誰も検証しなくなるものが少なくありません。経営陣は、直接であれ間接であれ、少なくとも要件定義時とその変更時及び受入検査時に、システムの合目的性を再検証する必要がありますし、逆にシステム導入の担当者は、そのあたりを経営層に説明する必要があります。

　こうしたことをきちんと行わないプロジェクトは、いつの間にか目的が形骸化し、ぱっと見た目は便利そうでも、実は経営に寄与しない無用の長物を生み出す危険があります。

　システム導入時には検証可能で具体的な目的を定義し、必要に応じて経営層が導入のメリットを本当に享受できるのかを確認する（もちろん、部下にやらせても構いませんが、結果に対する責任は経営層が持つべきでしょう）。こうしたことがシステム導入には必須です。

　それを怠るようなプロジェクトは、カバンに入りきれないほどの札束を持って競馬場に行くのと大差ありません。

第8章

そのソフトウェアの不具合は瑕疵か
瑕疵でないか

第8章　そのソフトウェアの不具合は瑕疵か瑕疵でないか

　第6章では、ソフトウェアの不具合を損害賠償請求の対象となる"瑕疵"と見なすかどうか、その線引きはどこにあるのか、といったお話をしました。仮に不具合があったとしても、遅滞なく補修を行い、業務に使えるようにしていれば、必ずしも"瑕疵"ではなく、ユーザがベンダに対して行う賠償請求も認められない場合がある、といった内容でした。実は、本章も同じようなお話なのですが、第6章よりも、より明確に、このあたりに言及し、かつ第6章は触れられていなかった新たなポイントに触れた判決を例示したいと思います。説明の都合上、重複する部分もありますが、ご容赦ください。まずは、事件の概要です。

ソフトウェアの不具合による損害の賠償が争われた裁判の例

（東京地方裁判所　平成9年2月18日判決より抜粋・要約）

　ある貨物自動車運送業者（以下、ユーザ）は、自社の運送システム及び関連システムの開発をベンダに依頼したが、納品されたシステムには数多くの不具合があり、業務に支障があった。ユーザはベンダに対して、開発費用等の返却と損害賠償、併せて約2億7千万円を求めて提訴した。

※（）内は、筆者の加筆

　ここでいったん、この運送システムについての補足説明を入れたいと思います。
　このシステムは、ユーザである運送業者が、トラックを運行させて、配達を行った実績から売上高を計算し、売上元帳に記録するシステムです。
　1台のトラックに乗務員が乗り、荷主から依頼された荷物を届ければ、その代金を売上として登録するわけですが、たとえば、同じトラックでも途中で乗務員が交代したり、一人の乗務員が同じトラックで2つの定期便を運航したりすることもあり、その分だけ情報システム内のデータの持ち

60

方は複雑になっています。そんなことを頭の隅において、以下の不具合を
ご覧ください（もっとも、不具合の中身について理解しなくても読めるは
ずですが）。

（東京地方裁判所　平成9年2月18日判決より抜粋・要約）〈続き〉

【ユーザが指摘した不具合の抜粋】

1. いったん削除した車両データを新規登録できない（通常、車両デー
   タの削除は、車両を売却したり廃車にしたりする際に行うが、それ
   以外でも業務の都合上行うことがある）。
2. 車両運行中に乗務員が交代すると、運行データ（売上・給油量）が二
   重登録される。
3. 売上明細を荷主別に出力する際、他の荷主のデータが混在する。
4. 「地区コードテーブル照会」という画面のロールアップが66画面ま
   でで、それを超えるデータがあるときに照会できず異常終了する。
5. 数字のみ入力を許す項目に、アルファベットやカナ文字が入力可能
   で、そのままファイル更新をすると不具合が発生する。

　裁判で争われた不具合はもっと多かったのですが、とりあえず代表的な
ものだけを列挙してみました。どれをとっても、システムにはありがちな
欠陥ですね。ご自分でシステム開発の経験がある方なら、これらの不具合
が修復にそれほど多くの時間を要しないことも想像できるかもしれませ
ん。前回、お話ししたように、すぐに補修できるようなものであれば瑕疵
とは見なされないとするのが一般的な考え方です。したがって、これらの
不具合の中でも「2. 車両運行中に乗務員が交代すると、運行データが二重
登録される。」と「3. 売上明細を荷主別に出力する際、他の荷主のデータ
が混在する。」については、「遅滞なく補修を終えたから、欠陥ではな
い。」とユーザの請求が退けられています。

第8章　そのソフトウェアの不具合は瑕疵か瑕疵でないか

遅滞なく補修するわけではない不具合は、瑕疵と見なされるか

　では、残りの3つについてはどうでしょうか。裁判所は以下のように判断しています。

（東京地方裁判所　平成9年2月18日判決より抜粋・要約）〈続き〉

1. いったん削除した車両データを新規登録できない。
   →「（代替手段もあり）業務に影響はないから欠陥ではない。」
4. 「地区コードテーブル照会」という画面のロールアップが66画面まで〜
   →「（66画面を超えるようなロールアップは）通常の業務においては行わないから、欠陥ではない。」
5. 数字のみ入力を許す項目に、アルファベットやカナ文字が入力可能
   →「操作マニュアルに"数字入力"と説明・指導されている（業務に影響はない）から欠陥ではない。」

　ご覧の通り、判決はユーザの請求を全て棄却するもので、他の訴求点とも併せて、裁判の結果はユーザの全面敗訴という結果になってしまいました。"たとえ、バグであっても、きちんと使ってさえいれば、業務上の支障がないようなものは、損害賠償の対象となるような瑕疵ではない"とするものです。

62

第8章　そのソフトウェアの不具合は瑕疵か瑕疵でないか

正しくない操作に起因する障害までは損害賠償の対象としない

　この判決文を読んだとき、正直なところ私には裁判所の判断がやや乱暴というか、一方的に思えました。例示した不具合は、確かに、それほどクリティカルなものではないように見えるかもしれません。しかし、いずれの場合もユーザのオペレーションミスがあると、システムが異常終了してしまうもので、タイミングが悪ければ、データを破壊したり、突然止まった画面に混乱したオペレータが電源を落としたりして、別の障害を引き起こす可能性も含まれています。裁判所が、そうした危険まで考慮したのか、あるいはユーザ側はそこまで主張したのか、とやや腑に落ちない思いがしたのです。

　しかし結果から見ると裁判所は、こうしたバグを作り込んだベンダに責任を求めてはいません。ユーザ側から見れば、自分達に何も非がないのに、そんな危険を背負わされるのは、たまったものではないかもしれませんね。それでも通常の仕事を正しく行っている限りにおいて発生しない不具合や、代替手段を用いることで時間的にも工数的にも損失なく業務を続けられるような不具合は損害賠償請求の対象とはならないとするのが、ここから見える裁判所の考え方です。

　「ユーザにはシステムを正しく使うことが求められる」ということでしょう。（もっとも、いくら損害賠償の対象にならないとは言っても、ベンダに責任が一切ないと言っているわけではありません。こうした事象が発覚した際、ベンダは速やかに補修すべきですし、ユーザには、それを求める権利はあります。ただ、こうした不具合が原因となりオペレータがミスをしてシステムや業務に重大な損害が出ても、裁判所がその賠償をベンダに命じてくれるかと言えば、その保証はないということになります。）

ユーザが自らを守るためにやるべきこと

　こうなってくるとユーザサイドとしても、バグ発覚時に、ただベンダに対して「早く直してね」とだけ言って、任せておくわけにはいきません。ここから先は、私自身が対応した調停事件からの知見に基づいてお話しし

63

ます。ユーザはバグの発覚時、ベンダにも協力させて、最低でも以下のようなことをしておくべきでしょう。

1. 原因の調査

2. バグの影響範囲の特定と被害の想定
発覚したバグを放置した場合、影響はどこまで及ぶのか、最悪のケースにおける被害金額がどの程度になるのかを想定する（「1. 原因の調査」と並行して実施）

3. バグ対応のトリアージ
複数発覚したバグについて、想定した影響範囲、被害金額、相互の関係、業務スケジュールとの関係を考慮して、重要度や緊急度を明らかにし、対応の優先順位付けをする。

4. 問題解決までの対応方針
とりあえず、新システムを止めて旧システムで業務を行う等、当面の方針を立てて実施する。

5. 対応計画の策定
どのように補修するか、あるいは補修しないかといった方針、対応責任者の決定、対応スケジュールの決定、（必要に応じて）システム化対象の業務プロセス見直しを行う。また、万一、対応がうまくいかなかった場合の代替策も作成する。

6. 対応計画の承認
策定した計画をユーザ側システム関係者だけでなく、エンドユーザや、必要に応じて経営層にも説明して承認を得る。

　こうしたことは、本来専門家であるベンダの責任で行うべきとする考えもあるかもしれませんし、確かに実作業の多くをベンダにやってもらう必要があります。しかし現実論で言えば、ベンダはこうした対応には積極的に動かないと思った方がよいかもしれません。いったん、システムがリリースされると、ベンダは多くのメンバーを他のプロジェクトに振り向けてしまいますし、不具合の内容によっては自分達の責任ではないと優先順位を落として対応することもあります。
　私が調停を担当した事件でも、特に上述の「5. 対応計画の策定」を行わないために「ベンダが半年以上もバグに対応してくれない」「ベンダの担当

者と連絡がつかない」と嘆くユーザを本当に多く見ます。ベンダが顔を見せているうちに、これらの対応を一緒に行い、ベンダの対応を引きずり出すことが大切というわけです。多少面倒な作業ではありますが、こうしたものを作ることにより、ユーザとベンダの双方が、ケンカもせず、落ち着いてセカンドベストの策を探し、実践することができ、結果的には問題を大きくせずに済むことは、いくつもの紛争事例から見て確かなことです。大切なことは、お互いが協力をして解決までの道筋をつけることです。そこまでやれば、その後は、ベンダにある程度任せてしまってもよいかもしれません。とにかく、道筋を明らかにして地図に書く、ここまではユーザの責任（ベンダの協力は得ますが）と考えるのが現実的です。

　3000m級の山も道筋さえ見えていれば、不安に陥らず登り切ることができますが、300mの山でも道が見えなければ遭難する可能性があります。業務の円滑な遂行という頂上を目指して、補修計画という地図を携えて協力しながら登っていけるかどうか、鍵を握っているのはユーザ側の初期対応と言えるのかもしれません。

第9章

頓挫したプロジェクトの責任はどこにあるのか──ユーザが協力義務を怠ったとされる場合について

第9章　頓挫したプロジェクトの責任はどこにあるのか──ユーザが協力義務を怠ったとされる場合について

　本章では「システム開発におけるユーザの協力義務」についてお話ししてみたいと思います。システム開発において、ユーザは単なるお客様ではありません。新しく作るシステムの要件を十分な詳細さと正確さをもってしかるべき時期までに定義すること、プロジェクトの最終局面では、できあがったシステムが要件通りにできているか検証することは、ユーザの義務です。また、システム開発の中盤においても、ベンダが必要とする資料や情報をタイムリーに提供したり、ベンダとの会議にはしかるべき人間を出席させて、さまざまな判断をすることも求められます。こうしたユーザの協力義務については、第1章、第2章でもお話しした通り、裁判所の判決でも明確に述べられており、上述したような義務をユーザが怠ったために頓挫したプロジェクトの責任は、その多くがユーザに求められます。

ユーザの協力義務違反は、ベンダの得になる？

　さて本章では、ユーザが協力義務を怠った場合に発生する債権や債務について述べた判決を見つけましたので、ご説明したいと思います。「ユーザが悪いなら、失敗によって発生した損害はユーザ持ちでしょ」とお考えの方もいらっしゃるかもしれません。しかし、そもそも、ここで言う「発生した損害」とは、どのように定義されるものなのでしょうか。

　ちょっと考えてみてください。たとえば、10ヵ月で毎月、100万円分の作業を行うプロジェクトが5ヵ月で頓挫したとします。仮に、この失敗の原因が100％ユーザの協力義務違反だったとき、ベンダがユーザに請求できるのは、5ヵ月分の500万円でしょうか？　それとも、全額の1000万円でしょうか？　もしも全額もらえるなら、ベンダは残りの5ヵ月、別の仕事をして別途500万円を得ることができ、結果的には10ヵ月で1500万円を手にすることになりますが、そういうものなのでしょうか？

　こうしたことについて、裁判所が下した判例を見てみたいと思います。システム開発やプロジェクト管理のお話というより、ちょっと法律に偏った話題になってしまいますが、請負契約締結やプロジェクト中断の際には知っておくべきこととも思いますので読んでみてください。

　前置きが長くなりましたが、まずは判例のご紹介からです。

68

第9章　頓挫したプロジェクトの責任はどこにあるのか──ユーザが協力義務を怠ったとされる場合について

ユーザの協力義務違反が争われた裁判の例

（東京地方裁判所　平成23年10月20日判決より抜粋・要約）

　ある語学学校（以下、ユーザ）が、ソフトウェアベンダ（以下、ベンダ）にe–ラーニングシステムの開発を委託したが、プロジェクトは難航し、ユーザは、ベンダの債務不履行による請負契約の解除と原状回復請求、損害賠償請求合わせて2800万円の支払いを求める訴訟を提起した。一方、ベンダは、プロジェクトの失敗は、ユーザの協力義務違反にあるとして、報酬残額の請求と損害賠償（実は、ユーザが破産していたため破産債権確定）を求める反訴を提起した。

※（）内は、筆者の加筆

　この開発では、ユーザが仕様の確定と資料の提供を行わなかったようで、それが原因でプロジェクトが破綻したということが認められました。したがって論ずべき争点は、ベンダ側の請求ということになります。そして、判例抜粋には書いていませんが、このベンダはプロジェクトの頓挫後、本来、この開発に費やすべき期間に他の仕事を行っています。これが、損害賠償の相殺の対象になるのかも問題となりました。ちょっと整理をしてみましょう。

問題の整理

1. ベンダの全額請求

　プロジェクトは途中で終わっていますが、ベンダは当初契約通りの全額を請求しています。これは妥当でしょうか？

2. この債務から解放されたためにベンダが得た利益

　上述した通り、この期間にベンダが別の仕事で稼いだお金については、どう考えるのでしょうか？　損害賠償額の相殺対象となるでしょうか？また、そもそも、ベンダが稼いだお金をいくらと見積もるのでしょうか。

69

ベンダの全額請求

　こうした問題について、各々判決文を見てみたいと思いますが、実は、この判決は、昭和52年に最高裁判所が出した判決を引用していますので、まずは、こちらからご覧ください。

> **（最高裁判所　昭和52年2月22日判決より抜粋・要約）**
>
> 　仕事が完成しない間に、注文者の責めに帰すべき事由によりその完成が不能となった場合に、請負人は、自己の残債務を免れるが、民法536条2項によって、注文者に請負代金全額を請求することができ、ただ、自己の債務を免れたことによる利益を注文者に償還すべき義務を負うに過ぎない。

　この裁判は、この部分について、ほぼ、この最高裁判決を踏襲する形で判断しておりますので、地裁の判決文は省略しますが、要は請負人であるベンダは、作業を行っていない部分も含めて全額をユーザに請求できるとしています。ただし「自己の債務を免れたことによる利益」、つまり、この仕事をしなかったために他の仕事で得られたお金については、注文者であるユーザに払いなさい、請負代金から相殺しなさい、と言っています。

この債務から解放されたためにベンダが得た利益

　そして、もう1つの問題は、「自己の債務を免れたことによる利益」って何？ということです。「ベンダが、この仕事がなくなったために他に仕事で得られたお金は償還しなさい」とは言いますが、実際、ベンダがいくら得られたのかはわかりません。もしかしたら仕事なんてなくて何も得られていないかもしれませんし、逆に、本件より高い単価で大きな売上を得

第9章　頓挫したプロジェクトの責任はどこにあるのか──ユーザが協力義務を怠ったとされる場合について

ているかもしれません。これについて裁判所はどのように考えたのでしょうか。

（東京地方裁判所　平成23年10月20日判決より抜粋・要約）〈続き〉

　本件開発契約3については、ベンダにおいて、パイロット版を製作していたことが認められるが、（中略）ベンダが作成した開発の進捗状況に関する証拠及び弁論の全趣旨によれば、同契約の委託料280万3500円のうち5割である140万1750円の範囲で、ベンダが債務を免れたことによる利益があったと認めるのが相当（後略）

　ご覧の通り、結果はある意味単純なものでした。実際にベンダが他の仕事をしたかどうかは関係なく、このプロジェクトでベンダがどれほどの成果物を残していたか、その残りの部分が相殺の対象となるということです。

　この判決は、結果的に「請求は全額できるけど、仕事をしなかった分は相殺される」という、客観的に見ても受け入れやすい形にはなったわけですが、たとえばこれがプロジェクトの最終盤、ユーザ受入テストのような段階になってから「ちゃんとできてないじゃないか。費用なんか払わないぞ」「いや、それは、そちらがちゃんと要件定義をしなかったからだ」という争いになったとしたら、ユーザは使えないシステムに丸々全額を払うこともあり得るわけですから、注意が必要です。

　ここまで読んで、勘のよい、あるいは注意深いユーザの方は、この判決の中にユーザにとっての危険が潜んでいることに気づかれたかもしれません。そう、「ベンダが作成した開発の進捗状況に関する証拠及び弁論の全趣旨によれば」という部分です。この判決は、ベンダが作った、と主張する部分について相殺を認めており、ユーザ側が受け入れたかは問題にしていません。ユーザが受け入れたものを基準にすると、たとえば、作りかけのものが評価されず、結果としてベンダの作業を過小に評価するとの考えだとは思いますが、逆に言えば、ベンダの作業が過大評価され、相殺額が小さくなる危険もあるわけです。やはり、ベンダの作業と成果物は、請負契約であってもこまめにチェックすることが大切なようです。

71

第 10 章

要件追加でプロジェクトを
中断させないためには？

第10章　要件追加でプロジェクトを中断させないためには？

　新システムの要件に関わる問題でIT紛争に至るケースが非常に多いということは、これまでもお話ししたと思いますが、中でも要件凍結後の機能追加や変更に関わる紛争の数は群を抜いています。「要件締結後に、まだ必要な機能があることに気づいた」「同じ要件定義書を見ていたはずなのに、ユーザとベンダの理解が異なり、そもそもの目的を果たさないシステムを作ってしまった」「開発の最終段階で、新システムを実際の使用者に見てもらったところ、使いにくいから修正してほしいと言われた」というようなことからプロジェクトが苦境に陥ることは、めずらしくありません。

　それでも、予算を追加したり、納期や機能を調整したりしながら、システムができあがればよいのですが、中には、ユーザとベンダの話し合いがつかずプロジェクト自体が中止されてしまうこともあります。大量のお金と労力と時間を費やして、双方何も得られず、最終的には経営にまで影響が出てしまうこともあります。本章ではそんな判例をご紹介しつつ、このようなことにならないために、どんなことをしておいたらよいかについて考えてみたいと思います。

プロジェクトの中断により発生した損害について争われた事例

　まずは、以下の判例からご覧ください。この例は、ある開発を受託した元請と下請の間の争いですが、考え方自体は、ユーザとベンダの間の紛争も同じかと思います。

（東京地方裁判所　平成23年4月27日判決より抜粋・要約）

　あるソフトウェア開発業者（以下、元請業者）が、ユーザから医療材料の物品管理システムの再開発を受託した。元請業者はこのプロジェクトにおいて、自らが要件定義を担当し、設計以降の作業は下請（以下、下請業者）に委託した。契約金額は約3,300万円だったが、契約書には機能追加に関する増額についての記述はなかった。

第10章　要件追加でプロジェクトを中断させないためには？

　開発は元請業者の作成した要件に従って行われたが、下請業者が開発を始めてから機能数が大幅に増え、下請の見積時に想定していた46から296にまで増加した（これに合わせて、作業工数も43.5人月から238.7人月に増えた）。下請業者は追加された作業についても実施しながら、これについての追加見積もりを元請業者に提出し協議を行ったが、両者は合意には至らず、結局、下請業者は作業を中止した。

　元請業者は下請業者に債務不履行による契約解除を通知し損害賠償を請求したが、下請業者は逆にそこまでの作業の出来高払いを元請業者に請求し、裁判となった。

　念のため注釈を入れると、一般に、ユーザが機能を追加して工数が膨らむような場合、ベンダには機能追加による影響（コストの増加や納期の遅延）を説明した上で再見積もりを行うと同時に、代替案も提示する義務（専門家のプロジェクト管理義務）があるとされますが、この案件の場合は、双方がITの専門家であり、しかも下請業者からは機能追加に関する見積もりが提示されていますので、プロジェクト管理義務違反にはあたらないと考えられます。

機能追加についての裁判所の判断

　さて、このケースについて、読者の皆さんはどのようにお考えでしょうか。裁判所の判断は、それほど意外なものではありませんでした。以下をご覧ください。

（東京地方裁判所　平成23年4月27日判決より抜粋・要約）〈続き〉

　本件下請契約に基づく（中略）開発作業が進むにつれて、機能数が増加するなど開発内容が変動し、これにより開発に要する作業量が著しく増大したことによって、（中略）開発作業は、本件下請契約が締結された時点で原告と被告が前提としていた開発作業とは、その内容において著しく異なることとなり、これに伴って、必要作業量も著し

75

く増大したものであって、本件下請契約は、（中略）その前提が契約締結当初とは根本的に異なるものとなってしまったということができる。

　（中略）

　下請業者が、本件下請契約に基づき、本件下請契約に定められた代金額のみの支払を受けることを前提として、（中略）開発作業を継続し、完成する義務を負っていたと解することはできない。

　裁判所は、契約後に増えた機能について、下請業者が完成させる義務はないと判断し、元請業者に対して、下請業者がこれまでに費やした作業工数と孫請けに対して支払った金額である約1億8千万円の支払いを命じました。作業工数が43.5人月から238.7人月にまで増えたわけですから、特にベンダの立場から見れば当然の判断と言えるかもしれません。

ベンダは、機能追加に対応したくなければ逃げられる？

　しかし、この判例をユーザの立場から見た場合、少しひっかかることがないでしょうか。この案件の場合は、工数が約5.5倍にまで膨らむという極端な例でしたから、元請側への支払い命令も当然のことのように見えますが、たとえば、これが1.5倍程度だったらどうでしょう。システム開発の世界で、当初100個だった機能を150にしたいということくらいはザラにあります。この判決を盾にとれば、ベンダが機能数が50増えることを「著しい増加」を捉え、システムを完成させずに引き上げた上で、そこまでの費用の清算を要求できることになります。

　いくら後から付け足した機能であっても、ユーザとしては、それがないとシステムが役に立たないと思えばこそ追加作業を依頼するわけですから、この時点でベンダが逃げてしまえば、多額の費用を払って役に立たない鉄屑を押し付けられたことになってしまいます。

第10章　要件追加でプロジェクトを中断させないためには？

　こうしたことは、特に、海外のベンダに開発を依頼したときによく見られますし、裁判所に上がってくる事件を見ると、日本のベンダを使った際にもときどき見られる例のようです。

ベンダに完成まで責任を持ってもらうためには

　このように、未完成のままベンダが逃げてしまうのを防ぐために、ユーザはどんなことを行っておくべきでしょうか。ポイントはこの判例にも書いてある通り、契約書の機能追加に関する記述です。この紛争は、そもそも要件凍結後に機能追加があった場合について、双方が何も合意していなかったせいで起きたトラブルと言えます。

　システム開発では、要件凍結後に機能追加が発生することは日常茶飯事です。というより、一切の機能追加もなくプロジェクトが完了することの方がめずらしいと言ってもよいでしょう。数々の紛争を見ると、機能追加について契約書に盛り込むことは必須事項と言えます。

　たとえば、契約書に「要件の変更」という項を設け「機能の追加変更があった場合には、追加見積もりに基づいて双方が合意し、費用を支払う」とする代わりに、ベンダにはそれを含めた完成義務があり、不足する要員の手配も行う責任があること等を明記します。こうしておけば、機能追加があったときでもシステムは放り出されずに済みます。

　ユーザの懐具合によって、追加費用が出ない場合は「当初の費用が変わらないように、追加要件に見合う他要件を取り下げる」とする場合もあります。また、ベンダが、いつ作業が終わるのかわからないのは困るという場合、「プロジェクトの最終期限を半年後とする」と定めることもあるでしょう。

　とにかく、ベンダにシステムの完成まで責任をもって作業してもらう仕組みを、契約時点で作っておくことです。このことは、ベンダにとっても無償の機能追加や作業延長をダラダラと押し付けられることを防止することになりますので、メリットのある話かと思います。

77

機能追加時の対応を契約書に記した場合の注意点

　ここで、こうした記述を契約書に書いた場合の注意点について、お話をしておきたいと思います。これについては、また、別の機会に詳しくお話ししますが、ベンダが機能追加だとするものの中には、必ずしも「追加」ではなく既に決まっていた要件の詳細化に過ぎないものが混ざっています。たとえば「顧客データベースから、該当する顧客の情報を出力する」としていた要件を「顧客の住所、氏名、電話番号、取引履歴を出力する」とした場合、ベンダがこの「取引履歴」を追加と見なして追加費用を要求する場合があります。

　しかし、たとえばコールセンターシステムのような場合、業務の特性上、顧客情報には「取引履歴」等も当然に含まれると考えるべきですから、追加費用の対象とはしないという考えが成り立ちます。

　また、要件定義書に記さなくても、専門家なら当然に作り込むべき機能というのもやはり追加要件としません。金融機関がインターネットを介して取引をする場合、通信経路やデータベースを暗号化しておくのは今や常識ですから、こうしたことを当初の要件に定義していなかったとしても、追加要件とは見なさないと考えられるでしょう。

　システム開発は、要件の定義もその実現も、結局は人間が行うものです。そうである以上、間違いやヌケモレは当然に発生し得ると考えるべきです。そして、契約をする際にはできるだけ想像力を働かせて、そうしたことにも対応できる契約書を作っておくべきでしょう。

第11章

RFPに記載するべき項目の概要

第11章　RFPに記載するべき項目の概要

　本章から第16章では、私の開発プロジェクト経験や裁判所で見聞きした紛争の事例などをもとに、よりよいRFPを書くためのポイントを書いていきたいと思います。スペースの関係もあり、全てを詳細に書ききるまでには至りませんが、経験上、特に失敗が起きそうな部分について、順次書いていきます。ぜひお役立てていただければと思います。

RFPはどれくらい重要か

　RFP（提案依頼書）とは、情報システムの導入を考えるユーザ企業がベンダに対して、システム導入の目的や、求めるメリット、納期の希望やさまざまな条件等を伝え、それらを満足するシステムの実現方式や、金額、スケジュール、体制等の提案を求める文書です。言ってみれば、システム開発発注の入り口にあたる文書とも言えるものです。

　私は、東京地方裁判所でシステム開発を巡るさまざまな法的紛争の解決をお手伝いしていましたが、トラブルプロジェクトの原因が実はこのRFPの不備にあるというケースがかなりの数に上ります。

　「この営業支援システム、肝心の顧客の購買履歴管理機能がないじゃないか」

　「そんな機能を開発するなんて聞いてないです。提案書にも書いてないですよね」

　「だって、このシステムの導入目的は、既存顧客の購買傾向から次に買いそうな商品を検索して紹介するってことだよ。購買履歴が必要だなんて、当然、わかってたはずじゃない」

　「でも、RFPには、そんな導入目的書いてありませんでしたよ。ただ、個人顧客の売上向上ってあるだけで。だから、提案書にも要件定義書にも、購買履歴管理なんて書いてませんでした」

　「えー？　依頼書に書いた、"個人顧客の囲い込み"っていうのが、それのはずだったんだけど。要件定義書の顧客管理っていう機能の中に、購買履歴管理っていうのが入ってたんじゃなかったの？」

　「知りませんよ。そんなの。どうしてもって言うなら、追加費用ですね。スケジュールも延ばしていただかないと…」

80

言葉遣いはともかくとして、こういうコントのようなやりとりが実際の現場でも行われており、その様子を記した議事録などが、裁判のときに提出される証拠資料などにも挙げられています。システム開発失敗の9割は要件定義に原因がある、などと言われますが、実際にはそのうち何割かは、とっかかりであるRFPにあるようです。

システムを導入するユーザ企業の担当者は、ヌケモレなく、書いた人間の意図を誰もが正しく理解できるRFPの書き方を知っておく必要があります。ちゃんとしたRFPを書くには、それなりに勉強も必要だし、なかなかに面倒な作業ではありますが、RFPは、それによって何百万円から数億円、あるいはそれ以上のシステム導入費用をドブに捨てることにもなりかねない重要な文書ですので、基本的なことだけでもおさえて、間違いのない、誤解を生まないものを作りたいものです。

というわけで、本章から第16章まででは、私の開発プロジェクト経験や裁判所で見聞きした紛争の事例などをもとに、よりよいRFPを書くためのポイントを書いていきたいと思います。スペースの関係もあり、全てを詳細に書ききるまでには至りませんが、経験上、特に失敗が起きそうな部分について、順次書いていきます。ご参考にしていただき、お役立てていただければと思います。

RFPに記載するべき項目の概要

まずは、RFPに記載すべき事柄について一覧にしてみました。詳細は後続の項で順次触れていきますが、まずは概略をご理解ください。

もちろん、こうした文書には唯一無二の正解があるというわけではありませんし、この項目が絶対に正しいわけでもありませんが、大手ITベンダで結果的に成功したプロジェクトのものを参考にして書いてみましたので、参考にはなるかと思います。まだRFPを書いたことがないという方はもちろん、既に何度か書いたことがあるという方も、ご自分の書いたものと比較して相違点などを見つけてみてください。もしかしたら、何か発見があるかもしれません。

第11章　RFPに記載するべき項目の概要

RFP の記載事項例

1. 基本情報
提案の前提となるユーザの情報や環境

- ユーザの基本情報（業種、業態、組織、提供する製品やサービス等）
- ユーザのいる市場と競合状況
- ユーザを取り巻く環境とその変化

2. 提案依頼の主旨・目的
依頼の背景、目的及び前提・制約条件等

- システムやサービス導入の背景（経営方針及びシステム化方針　等）
- 開発 / サービス導入の目的（期待される効果・メリット　等）
- 現状の課題
- 想定するシステムやサービスの概要（想定業務フローも含む）
- 使用者に関する情報（部門及び業務的な役割、人数　等）
- マスタスケジュールとマイルストーン

3. 提案を依頼したい事項
提案してほしい、システムやサービスの具体的な内容、範囲等

- サービス範囲や作業範囲（対象システム / サブシステムや工程　等）
- 役割・責任分担（ユーザとベンダの作業分担）
- 想定するシステム開発手法、プロジェクト管理手法
- 想定する成果物
- 要件概要（機能要件 / 非機能要件）

82

第11章 RFPに記載するべき項目の概要

　こうしてみるとそれなりにボリュームがありますが、要は「自分達が何者で、今、どんな課題を持っている。それを解決するには、どんな手段があり、そこにITをどう生かすのか、教えてほしい。そして、それを行うのにどれだけのコストと時間がかかるのか、どんな計画や方針で進めるのかも教えてほしい」と提案者に依頼しているわけです。

　多くの場合、裁判所にやってくるようなトラブルプロジェクトは、どれかが抜け落ちています。逆に、これらについて、本当にしっかりと書かれた提案書をもとにしたシステムは、やはり成功率が上がります。提案者に正しい提案書を書いてもらうためにも、ユーザはぜひこのあたりをしっかりと理解してRFPを出したいところです。

　本章では、イントロダクションとして、REPに記載する項目の概要を紹介しました。次章からは、実際にRFPの記載項目を順に細かく見ていきましょう。

83

第 12 章

提案者に要件を考えさせる
「基本情報」

第12章　提案者に要件を考えさせる「基本情報」

　前章ではRFPに書くべき項目の概要について書きました。本章では、それぞれの項目についてさらに詳しく見ていきましょう。

基本情報で気をつけたい、意外と大事なところ

　まずは、「1. 基本情報」です。自分達の会社とシステムを導入しようとしている部門が、どんな組織であるか。沿革や主要な商品・サービス、組織、規模、主要顧客、部門であればミッションなどを書くわけですが、意外と大切なのは「ユーザのいる市場と競合状況」の部分です。

　たとえば、自社の主たる顧客は高齢者であり、今回開発するシステムもそうした人達が使用する場合、そのような記述をここに記しておけば、提案書を書く側は、ユーザが見やすく、パソコンやスマホに慣れていない人でも扱いやすいインタフェースにすべきであることを、重要な要件として捉えてくれます。

　もちろん、こうしたことは後続の「主要要件」のところに書いてもよいですし、またそうすべきですが、そこで具体的に「字を大きくしてください」と書くだけより、ここに「お客さんは、お年寄りが多いです」と書いた方が、提案者はいろいろなことを発想してくれる可能性があります。

　「だったら、画面レイアウトはこうすべき、色はこうあるべき」とユーザが気づかない提案をしてくれます。逆に、ここに書いてあることをお題目として見逃し、ただ「字の大きな画面にします」とだけ要件を整理するような提案者では、今後数々の要件を整理する相手としては頼りないとも言えます。

新たな検討を引き出すことが大事

　また、「ユーザを取り巻く環境とその変化」についても同じようなことが言えます。マーケットや競合のグローバル化が進んでいることを記しておけば、24時間運転に必要な仕組みについてであるだとか、多言語対応についての検討を引き出すことができます。

86

第12章 提案者に要件を考えさせる「基本情報」

　たとえば保険会社のように、次々と新しい金融商品を売り出したり、法令が変わって業務プロセスの見直しが頻繁に行われたりすることがあるのなら、保守開発を支援する開発ツールや構成管理ツールなどの提案も得られます。おそらく、ITの素人である提案依頼者が独自に考えて「主要要件」に書いていくよりも、広範な検討をしてこちらが思いつかなかった切り口での提案をしてくれることでしょう。

　提案依頼書の基本情報は、単なる「お題目」ではなく、提案者にいろいろなアイディアを出してもらうための重要事項なのです。

関係ないことは書く？ 書かない？

　私は、以前、大手のコンサルティングファームにいました。その会社で、随分とドキュメントの書き方を教えられました。そこでは「ドキュメントの記述は文書の目的に合ったことだけを書くように」と教えられました。関係のないこと、冗長なことは書いてはいけないというわけです。

　しかし、RFPのこの部分に限っては「関係ないかな？」と思うことでも、思い切って書いておいた方がよさそうです。もちろん、全く無駄とわかるものは書かなくてよいですが、たとえば、ユーザ向けのWebページを開発するのに「うちの会社は年々人数が増えて、3年後には1万人に達する」といった、一見関係のなさそうなことでも「もしかしたら、何か関係するかもしれない」と思うなら、書いておいた方が無難です。

　「そんなに人数が多いなら、システム化せずに人手で処理できる部分もあるのでは？」等、最初の時点では想定しなかったアイディアも出てきます。結果として役立たない記述であるなら、後で無視すれば済むことです。後になって足りないものに気づくくらいなら、無駄と思うものでもとにかく書いておき、後で削る方が安全ですし、作業も楽になるはずです。

　さて、本章では基本情報について書きました。基本情報は新しい検討の余地を持たせるための重要情報であるということを忘れないでください。次章では、まさにRFPの本丸である「提案依頼の主旨・目的」について取り上げます。

87

第 13 章

経営方針と関連させて書く
提案依頼の主旨・目的

第13章　経営方針と関連させて書く提案依頼の主旨・目的

　前章では基本情報について書きました。本章では、まさにRFPの本丸である「提案依頼の主旨・目的」について取り上げます。

経営方針と関連させて書く提案依頼の主旨・目的

　さて、次に書くのは、まさにRFPの本丸である「提案依頼の主旨・目的」です。

　「自分の会社の経営には、こんな課題があり、それを改善するために、業務をこう変えたい。それを支援するシステムを提案してほしい」と依頼する部分です。システムを考えるときに注意すべきは、もう古典と言ってもよいくらいに言い古されていることですが「システムは、あくまで経営課題の解決のためにある」ということです。

　たとえば、セールス支援システムの提案依頼を出す際、ベンダから「Webマーケティングによる顧客情報収集とそれに基づくセールス活動が効果的らしいので、ぜひ、うちの会社でも…」と考えるのは、いかにも短絡的ですし、仕組みに振り回されています。Webマーケティングが本当に自社の経営に寄与するものなのか、寄与するとしても、同じお金と時間を使って、もっと効果的な戦略があるかもしれません。

　RFPを書くときにも、後の提案や要件定義で本来のシステム化の目的を外さないためにも、このあたりを明確に書いておくべきです。1つずつ見ていきましょう。

システムやサービス導入の背景（経営方針及びシステム化方針 等）

　そもそも、なぜシステム化を検討することになったのか、それを経営者の視点で書きます。一般企業の場合、経営者の視点とは、古くは「売上」「コスト」、最近はこれに企業コンプライアンスやセキュリティなど企業の継続と発展に関することに着目した視点ということになるでしょうか。

90

第13章　経営方針と関連させて書く提案依頼の主旨・目的

　たとえば皆さんが、銀行のシステム担当者であったとします。ある日、上司に呼ばれて「来年までに、全ての支店に外貨を取り扱えるATMを設置することになったので、ベンダにRFPを提示して提案を募ってほしい」と言われたとします。このときに、システムや導入の背景として書くのは「当行では、外貨を扱えるATMを設置する方針となった」ということではありません。そんなことを書いても、このATMシステムを導入したときの銀行のメリットがわかりません。RFPの書き手であるあなたは、なぜ外貨を扱えるATMを導入するのか、それをやって銀行は何が嬉しいのかを逆に上司に尋ね、RFPにも記述すべきです。

　なぜ、そんなことが必要なのでしょうか。ベンダは銀行のメリットがわからないと、ATMシステムを開発できないのでしょうか。たとえば、この場合、そもそもの背景によって扱うべき通貨が変わってきます。昨今の外国人観光客の増加が背景ならば、旅行者が日本に持ち込んでくる割合の高い通貨としてドル、ユーロ、ポンドに加え、中国の人民元や韓国のウォンを扱えるようにする必要があります。また、東京オリンピックの開催にあたり、世界中の人が集まることが背景としてあるのなら、世界中の人に不便な思いをさせないようにと、できる限り多くの通貨に対応する必要があるかもしれませんが、ATMを設置する視点はごく限られた首都圏の一部で済むことになります。同じ「多言語対応ATM」でも、通貨（＝機能）や支店（＝システム化範囲）が異なるわけです。ベンダは提案時に、費用や金額の見積もりも出すわけですから、このあたりを検討してもらうための情報として経営方針やそれに基づくシステム化の背景が必要になってくるのです。

　実際にこんなことがあるかはわかりませんが、背景と経営方針からシステム化の目的を導き出している例を挙げると、以下のような感じになるでしょうか。

91

第13章 経営方針と関連させて書く提案依頼の主旨・目的

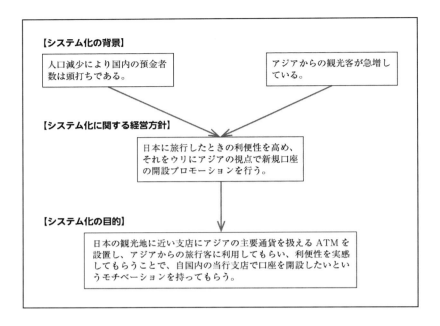

　これらをまとめて示すことで、提案者であるベンダは新ATMに持たせる機能はアジア通貨であり、システム化の範囲が観光地近辺の支店であることがわかります。これらを示さずに、後述の主要要件のところに「対応通貨は、人民元とウォン」「支店は、東京都内、京都市内、大阪市内…」と書いてもよいのですが、こうしたことをベンダに知っておいてもらうことは、提案時にもその後の開発時にもいろいろと役に立ちます。これは、前述した「基本項目」で「ユーザのいる市場と競合状況」「ユーザを取り巻く環境とその変化」を記すのと同じ意味合いを持ちます。

　まず、提案時にはベンダの方から「昨今は、タイやインドネシアからの観光客も増えているから、そちらの通貨も対応してはどうか、当社は、既に同様の実績があり、流用可能です」といった新たな提案を得られる可能性があります。実際に、システム化の目的を達成するのに、有効な提案である場合もありますし、そうでなくともそうした提案を積極的に行ってくれるベンダは今後も何かと頼りになるベンダと考えることができます。システム開発のベンダとはその後も長い付き合いとなり、さまざまな困難を共に乗り越えていく相手ですから、自ら問題を見つけ、解決策を提案する姿勢と知識を持っているベンダを選ぶことはとても重要です。

第13章　経営方針と関連させて書く提案依頼の主旨・目的

　また、実際に開発プロジェクトになると、要件定義や設計の上流段階で、当初の目的とは外れた要望がいろいろなところから出てくる可能性があります。「仙台や広島には大きな支店もあるんだから、そちらも外貨対応すべきでは？」「基軸通貨の1つであるポンドに対応しないなんてあり得ない」といった声が、エンドユーザや経営幹部から噴出することは、実際にもよくあります。こうした声にベンダとユーザのシステム導入担当者がしっかりとタッグを組んで対応するためにも、システム化の動機である背景と経営方針、そしてシステム化の目的をしっかりと共有しておくことが大切です。

チャートで見せる新しい業務の姿

　システム化の目的を伝えたら、今度は新システム導入で実現すべき新しい業務の姿を表現します。書き方はいろいろですが、システム化というのは多くの場合、業務や情報の流れに関係することが多いのでそれらをチャートに表して示す例が多いようです。

　大切なことは、システム化する部分だけではなく対象となる業務全体を記し、その中でシステム化を考えている範囲を明確にしてあげることです。システムというのは、その外にある処理や別システムとのインタフェースも考えないと検討することができないからです。以下は、新しい業務の流れを書いた実例です。

93

第13章　経営方針と関連させて書く提案依頼の主旨・目的

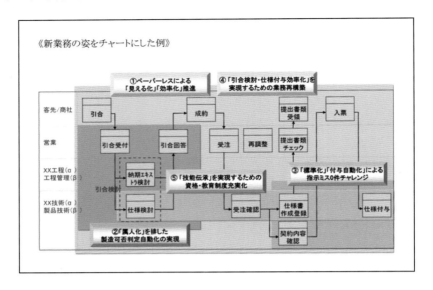

　このフローは、今回、業務を改善しようとしている営業の引き合いから受注までの業務を表しています。ここには書いていませんが、経営の方針は、営業事務の効率化によるコスト削減と見積もり回答の迅速化による顧客満足度向上、機会損失の減少というのが、経営者視点の目的であり、図中で①、②、……と番号を振られているのが、そこから引き出したシステム化の目的です。前述した通り、このチャートには、システム化の対象だけでなく、引合から受注までの全体を示しています。実際、この開発プロジェクトでシステム化するのは、赤線で囲った「引合検討」の部分だけで、対応するシステム化の目的は「②属人化を排した…」のところだけです。他は、別のシステムや業務改善で実現する異なるのですが、こうして全体を表すことで、実施する施策のヌケモレ、重複や矛盾の発生を防ぐことができますし、前述した通り、インタフェースの検討にも役立ちます。

第 14 章

RFPで提案を依頼したい事項
その1

第14章 RFPで提案を依頼したい事項 その1

　さて、前章までの「基本情報」「提案の主旨・目的」では、自分達の組織がなぜ新システムを導入しようと思ったか、それを入れてどんな業務プロセスを実現し、どんな課題を克服しようと考えているかを提案者に伝える部分について書きました。これ以降は実際に提案をしてほしい事項、ベンダにやってほしい事項とその範囲などについて書きたいと思います。

サービス範囲や作業範囲/役割分担・責任分担

　まずは、ベンダのサービスや作業範囲とそれに基づく双方の役割分担・責任分担です。これにはいくつかの切り口がありますが、一般的には、「要件定義」「設計」「実装」「テスト」「ユーザ受入れ検証」「保守」「運用」等のフェーズごとにベンダにやってほしいことを記してあるのをよく見ます（この書き方は、昔ながらのウォーターフォールの開発プロセスで書いていますが、アジャイルプロセスでも、わかりやすく各局を分けて、それごとにベンダにやってもらうことを書くことに変わりはありません）。

　記述例を見てみましょう。

96

第14章　RFPで提案を依頼したい事項　その1

【サービス範囲・作業範囲の記述例】

工程	作業範囲		作業成果物
要件定義	【依頼したい作業】 ・現場調査（ドキュメント・ヒアリング） ・課題分析 ・課題解決方針と解決策策定 ・システム化範囲定義 …	【当社作業】 ・ドキュメント準備／ヒアリング設定 ・課題のレビュー ・方針と解決策のレビュー ・システム化範囲レビュー …	現状業務プロセス書 課題分析書 課題解決方針書 システム化範囲定義書 …
設計	…	…	…
実装	…	…	…
テスト	…	…	…
受入検証	【依頼したい作業】 ・検証環境の検証 ・検証計画書・シナリオの策定 ・検証用データ要求作成 …	【当社作業】 ・検証環境の準備 ・検証計画書・シナリオのレビュー ・検証用データ作成 …	テスト環境 検証計画書・シナリオ 検証用データ …
保守	…	…	…

　前述した通り、この例では提案を依頼したい内容を工程ごとの作業で区切って書いていますが、もちろん、これをたとえばサブシステムで区切ったり、ユーザインタフェース部分／ビジネスロジック部分といったシステムの構成要素で区切ったりしても構いませんし、それらを組み合わせたものもよく見ます。

　ポイントとしては、単に業者に任せたいことだけを書き出すのではなく、対象となる全体の作業やシステムを書いてから提案してほしい部分を指し示すことでしょうか。そうすることで作業やサービスの範囲やシステムのヌケモレを防ぐことができますし、責任分担も明確になります。

　ときどき見る例として、ユーザと業者の作業範囲を「主体」「支援」という言葉で表すことがありますが、私の経験から言えば、これはあまりお勧めしません。

97

第14章 RFPで提案を依頼したい事項 その1

【サービス範囲・作業範囲のお勧めでない例】

工程	作業範囲	ユーザ	ベンダ
要件定義	・現場調査（ドキュメント・ヒアリング）	支援	主体
	・課題分析	支援	主体
	・課題解決方針と解決策策定	支援	主体
	・システム化範囲定義	主体	支援
	…	…	…

　上表のように書くと、「支援」と言われるものの作業が、具体的に何を指すのかわかりません。現場調査の「支援」とは、単に、ドキュメントを見せてヒアリングの場を設定するだけなのか、ヒアリングに実際に参加するのか、調査結果のとりまとめを手伝うのか、レビューは主体か支援か。そのあたりがわからなくなります。

　「ユーザのシステム担当者が、要件とりまとめを支援すると言いながら、エンドユーザ達の意見調整をしてくれなかった。それが原因でスケジュールが大幅に遅れた」とベンダが言えば、「支援の範囲に、そこまで含まれるとは言っていない。それはベンダの仕事だ」とユーザが言い返す。私は、こうしたやりとりを裁判所で何度となく見てきました。やはり、サービスや作業の範囲は、具体的な作業を「主語」がわかるように書き、作業成果物がわかるように書いてもらうべきです。

　また、こうした記述はプロジェクト計画書に書くべきで、提案依頼書、あるいは提案書に書く必要はないという意見もありますが、現実的にはこれによって業者の作業工数が大きく変わることもありますから、やはり提案依頼書に書いておくべきでしょう。

プロジェクト管理手法

　業者が開発を請け負ったプロジェクトで、どのようなプロジェクト管理を行うのかを示してもらうことも大切です。たとえば、以下のような項目をどのように管理するのかを示してもらいます。

① **進捗管理計画**

プロジェクトの遅延をどのように補足し、ユーザと協力し、解決するのか。

② **要員とスキルの管理計画**

ユーザとベンダ双方に必要な要員とスキルは何か、過不足があれば、どのように補うのか。メンバーの研修の必要性をどのように評価しいつまでに誰が実施するのか。

③ **コミュニケーション計画**

プロジェクト内の指揮命令系統、情報の共有方法、会議体の計画（いつ、誰が出て、何を決めるのか）をどうするのか。

④ **構成管理計画**

プロジェクトで作成するものをどのように管理し、共有するのか。バージョンやリビジョン、ベースラインをどのように管理するのか。

⑤ **課題管理計画**

このまま放置したらプロジェクトのコスト、納期、品質に重大な影響を与えるような事象をどのように把握して管理するのか。

⑥ **リスク管理計画**

まだ顕在化していないが、これから発生しそうな問題をどのように把握して管理するのか。

⑦ **欠陥管理計画**

成果物のレビューやテストで発見した欠陥をどのように共有し、解決まで管理するのか。また、欠陥の分析はどのようにするのか。

　これらの計画は、総称してプロジェクト管理計画（PMP）と呼ばれます。ユーザサイドの方には馴染みのない項目があるかもしれませんが、実際にプロジェクトが始まれば、嫌でもお目にかかる管理項目ですから、書籍やWebなどで勉強されることをお勧めします。RFPを提示する前に、提案候補者にこれらのことを聞いてみるのもよいかもしれません。もしも、これらについてよく理解していないようであれば、そこには仕事を依頼しない方がよいかもしれません。

　余談ですが、一般に、よく管理できたプロジェクト（10人以上）はこうした管理に全体工数の8%から15%程度をかけていると言われています。プロジェクトの規模やタイプにもよりますが、もしも提案書と共に提示さ

れる見積もりで、プロジェクト管理に2、3%程度しか想定されていなければ、少し疑ってみた方がよいかもしれません。

　プロジェクト管理手法について、もう1つだけ大切なことを申し上げると、こうした管理を業者が個人のスキル頼みで行うのか、組織として行うのかということも着眼点になります。プロジェクト管理の手法が組織として定義され、プロジェクト管理標準として社員に浸透している会社であるなら実際の開発に誰が出てきても、最低限の管理は行ってくれる会社だということになります。

第 15 章

RFPで提案を依頼したい事項
その2

第15章　RFPで提案を依頼したい事項　その2

　RFP で、実際に提案をしてほしい事項、ベンダにやってほしい事項とその範囲などについて書いています。本章ではサービスレベルアグリーメント（SLA）案について取り上げます。

サービスレベルアグリーメント（SLA）案

　これについては、まだ、必ずしも一般的というわけでもありませんので、RFP の記載項目には載せませんでしたが、昨今のトラブルプロジェクトを見てみると、有効性を痛感させられることが多いのであえて記します。

　サービスレベルアグリーメント（SLA）とは、情報システムの開発や保守契約において、業者が実施するサービスの内容や成果物の品質について約束する合意書で、契約書の別紙として位置付けられます。

　業者に「開発を成功させるために、自分達はこうした活動をする」と約束してもらうもので、正式なものは契約時に作成しますが、提案の時点でも、どのようなサービスレベルを設定するつもりかを提示してもらうと、業者に対する信頼度の目安になります。

　以下に、情報システム開発のための SLA の例を示します。一見すると、業者側に非常に厳しい要求のようにも思えますが、やはりこうしたものを作った方が、ベンダの責任感が増します。経験上ですが、こういうものをしっかりと作る開発や保守は、結果的にはトラブルを起こすことが少ないように思えます。逆に、私が裁判所でお目にかかるトラブルプロジェクトで、こうしたものをしっかりと作っていたものは今までのところありません。この例はウォーターフォールの開発プロセスを前提に書いていますが、もちろん他の方式にも流用可能です。

102

《開発用 SLA の例》

基本設計	詳細設計	プログラム	結合テスト	総合テスト	移行
全レビュー回数	全レビュー回数		全レビュー回数	全レビュー回数	全レビュー回数
業務担当者参加レビュー回数	業務担当者参加レビュー回数		業務担当者参加レビュー回数	業務担当者参加レビュー回数	業務担当者参加レビュー回数
レビュー時のバグ予測件数に対する検出数	バグ予測件数に対する検出数		バグ予測件数に対する検出数	バグ予測件数に対する検出数	
要件定義書の要件漏れ件数	基本設計書の変更回数	基本設計書の変更回数	基本設計書の変更回数	基本設計書の変更回数	
			テストデータ件数	テストデータ件数	
要件定義書に対する基本設計書漏れ件数	基本設計書に対する仕様漏れ件数	詳細設計書に対する仕様漏れ件数	基本設計書に対する仕様漏れ件数	基本設計書に対する仕様漏れ件数	
			テストケースの網羅率	テストケースの網羅率	
セキュリティ要件レビュー回数				セキュリティテストケース数	
アプリでのエラー監視機能レビュー回数				テストケースの網羅率	
				テストの自動化率	
UD 要件レビュー回数				ユーザー満足度	
予備機切り替え方法レビュー回数			予備機切り替えテスト	ユーザー満足度	
レスポンス要件のレビュー回数		机上シミュレーションレビュー回数	レスポンス実測	レスポンス実測	
				スループット実測	
				資源使用率実測	

第15章　RFPで提案を依頼したい事項　その2

《開発用 SLA の例（続き）》

基本設計	詳細設計	プログラム	結合テスト	総合テスト	移行
開発標準の 遵守率	開発標準の 遵守率	開発標準の 遵守率	開発標準の 遵守率	開発標準の 遵守率	
	平均バグ 対応時間	平均バグ 対応時間	平均バグ 対応時間	平均バグ 対応時間	
			未完了テスト 項目数	未完了テスト 項目数	
設計期間 ± 許容範囲	設計期間 ± 許容範囲	開発期間 ± 許容範囲	テスト期間 ± 許容範囲	テスト期間 ± 許容範囲	移行期間 ± 許容範囲
設計進捗の 予実	設計進捗の 予実	開発進捗の 予実	テスト進捗の 予実	テスト進捗の 予実	移行進捗の 予実
要求機能数： （完了／予定）	機能数： （完了／予定）	プログラム： （完了／予定）	ケース数： （完了／予定）	ケース数： （完了／予定）	移行項目数： （完了／予定）

『IT コーディネータ協会 開発用 SLA 見本』より

提案を依頼したい事項

　さて、ここまで RFP の記載項目について説明してきました。多少難しいところもあったかもしれませんが、日本のソフトウェアやシステムの開発業者というのは、どうしても受身なところが多く、自分達が何を提案すればよいのかをユーザ側に決めてほしいという傾向が強く、ユーザの方から「これを書け、あれも書け」と言ってあげないと、提案の内容にさまざまなヌケモレが生じるのも事実です。悲しいことではありますが、それを嘆いても仕方のないところですから、ユーザとして思いつくこと、不安に思うことは何でも RFP に書き、業者に考えさせてほしいところです。結局は、それが業者のためにもなります。

第 16 章

RFPで提案を依頼したい事項
その3

第16章 RFPで提案を依頼したい事項 その3

RFPを書くにあたって、実際に提案をしてほしい事項、ベンダにやってほしい事項とその範囲などについて書いてきました。最後に本章ではRFPを書く上での留意点について、私の経験をもとに書いてみたいと思います。

RFPはワガママ文書であるべき

RFPの作成は原則的にはユーザ企業が行うもので、その要望や希望を比較的ストレートに表現します。業者と共に、あるいは業者が主体で決められることの多い要件定義書とは異なり、RFPにはユーザが技術的な制約やベンダの事情等を考慮せず、自身の要望やニーズを素直に書くことができます。

「必ずしも、統計の知識を有しないオペレータでもモンテカルロシミュレーションを直観的な操作でできるような…」などと好き放題なことを自分の希望最優先で書いていますので、ある意味、ワガママとも言えますが、以降の工程ではなかなかできない、自由な発想や要望を自社の都合だけで検討したこの資料は、ユーザの本来の目的をもっとも忠実に表現したものと言ってもよいでしょう。

逆に、この時点からさまざまな技術的な制約や発注したい業者の都合に合わせて要望を書いているようなRFPは、本来の目的をボヤかしてしまい、結果としてはユーザの望むシステムやサービスを実現できなくなる危険をはらんでいます。

RFPで、ユーザから好き勝手なことを言われる業者は当然、その記述内容を「何でもおっしゃる通りに…」と受け入れることはできません。自分なりの提案をしていく必要がありますし、そうしないことは、ある意味怠慢です。「ワガママ」と「代替案」の応酬こそが、結果的にはよいシステムやサービスを実現するものであり、RFPはユーザがキャッチボールの最初に投げるべき「悪球」と言うこともできます。

106

守るべきものとそうでないものを見分けられる業者か

　RFP を悪球とするなら、業者にはその記載内容からユーザの本来の目的、意図を見分けられる能力が必要です。これを「何でも、おっしゃる通りに」とおうむ返しの提案書を作るような業者は、その能力に疑問符がつきます。

　たとえば、「会員が Web 上に構築された自分専用ページのコンテンツ（部品）をコンテンツマネジメントシステムで自由に変更できるように…」と記載したとき、能力のある業者はこの中の「コンテンツマネジメントシステム」は、ユーザが勝手に想定している方法論であって、この業務の必須事項ではありません。一方「自由に変更できるように…」の部分は、おそらくこのユーザが展開する戦略の根幹に近いものでしょうから、「しっかりと守るべきことです」と有効な提言をしてくれます。RFP は、あくまで素人である業者が作るものですから、それをベンダが方向修正するのが、あるべき姿です。RFP は絶対に変えることのできない金科玉条ではないのです。

　ただ、RFP というのは一応正式な文書ですから、そのまま出してしまうと、やはり業者はそこに書いていることを書いてある通りに実現しようとして、例示したような提言やアドバイスをしてはくれません。そこで、よくできた RFP には必ず最後に「この方式、方法、以外に有効と思われる提言や提案がある場合には、その記述をお願いします」といった文言が書いてあります。

　RFP とその返答である提案書は、お互いに正しい球を投げ合うキャッチボールではありません。ユーザがワガママを伝え、業者がその真意を掴んで提案をするものであり、そうしたやりとりの中で生まれた情報システムこそが、真にユーザの業務に寄与するものになるというのが、さまざまなトラブルプロジェクトを目の当たりにしてきた私の考えです。

第17章

仕様凍結後の要件追加・変更がもと
で失敗したプロジェクトの責任は？

来年には民法改正が予定されていますが、それを見ると、現行の民法というものが、やはり、まだまだIT開発の実情には合っていなかったことを再認識させられます（この民法改正については、『紛争に学ぶ、ITユーザの心得【契約・費用・法律編】』の第17章〜第19章で詳しく取り上げています）。

IT開発には、凍結後の要件追加・変更がつきもの

ただ、この民法に基づいて行われるIT訴訟の結果を見ていると、裁判の中には意外と、IT開発の特殊性を汲んでいると思われるものが多く見受けられます。

請負開発の場合、普通のものづくりなら許されない、納品後の不具合についても、裁判所は「ITの成果物に多少の瑕疵が残るのは不可避である」と柔軟な考え方をするものが多いですし、「IT開発はユーザとベンダの協業であって、ユーザはベンダにお任せしていればよいというものではない」という考えも、やはりIT独特のものでしょう。

中でも、私が独特だなと思うのは、開発中に発生する要件の追加・変更です。たとえば家を建てるとき、設計が決まった後で、施主がやっぱり部屋を追加してほしいとか、2階にもキッチンを……などと言い始めたら、大工さんは怒るかもしれませんし、最悪「やってられるか」と現場を離れてしまっても、それは、やはりワガママな施主が悪いだろうことになるのではないでしょうか。

しかし、ITの場合は少し事情が違うようです。東京地裁で平成16年3月10日に出た判決などを見ると、「もし、ユーザが要件の変更を言い出し、それがプロジェクトの納期やコストに影響するなら、ベンダは、そのリスクをユーザに説明するなどして取り下げさせるなど、適切なプロジェクト管理を行うべき」という主旨のことを裁判所は言っています。ユーザのワガママはベンダの責任ともとれる、ベンダにはちょっと酷な、そしてユーザには、少し優しいような判決です。私も自分の著書などで、この判決のことを取り上げ、ITベンダの人に注意を呼びかけてきました。

ただ、だからと言って、IT開発においては、ユーザのワガママな要件追加によってプロジェクトが頓挫しても、その責任を必ずベンダ側が負わな

ければいけないかと言うと、もちろん、そんなことはありません。本章では、そんな判例を紹介しましょう。

凍結後の仕様変更がもとで失敗したプロジェクトの責任を争った判例

（旭川地方裁判所　平成 28 年 3 月 29 日判決より）

　ある医療法人が、電子カルテシステムを中核とする病院情報管理システムの開発をベンダに依頼したが、プロジェクトは仕様確定の遅れや、その後の追加要望のために紛糾した。そのために進捗は大幅に遅れ、ベンダは予定されていた納期を過ぎてもシステムを納めることができなかった。

　このままでは、いつまで経ってもシステムが納入される見込みが立たないと感じた医療法人は請負開発契約を解除することをベンダに通知するとともに、システムを完成させなかったことは、ベンダの債務不履行であるとして、約 19 億円の損害賠償を求めた。

　一方、ベンダ側は契約解除は無効だとして、逆に納品物を受け取らない医療法人の債務不履行を訴え約 23 億円を請求し裁判となった。

　この事件は他にもさまざまな論点があったのですが、話を仕様凍結に絞るために、この部分だけ抜き出しました。ユーザである医療法人は、システムが完成しないことを理由に契約解除と損害賠償を求めたのですが、ベンダの方は開発の遅延は、仕様確定を遅らせ、なんとか仕様を凍結した後も次々に、その追加変更を要望したユーザにこそあると反論しました。実によくある争いごとです。

　そもそも、IT 開発というものは、作る前にできあがった姿を想像することが難しい仕事です。本格的な開発に入る前に画面遷移だけの紙芝居を作ったり、元になるパッケージソフトを動作させながら、どこをどのように変えましょうかと話し合ったりしても、どうしても実際の画面イメージや機能の理解を、ベンダとユーザが完全に共有することができず、後に

なってから「画面の遷移順が違う」「この機能が入ってない」といった文句がユーザ側内部から起きてくるものです。

そして、この事件のようにユーザ側で十分な検討をしなかったために、凍結したはずの要件が後になって覆ることもIT開発の特徴です。「顧客データの検索をするキーワードは、当初、名前だけと言ったけど、やっぱり電話番号でも検索できるようにしてくれない？ 要件追加なのはわかるけど、それがないと、そもそもシステム自体、入れる意味がないんだよね」——ユーザのこんな言葉を聞いて、ベンダが頭を抱えてしまうことは日常茶飯事と言ってもよいくらいです。

もちろん、ユーザ側も意地悪をしたくて、こんな要望の追加・変更を行うわけではありません。システムの要件定義を正しく行うためには、導入後の業務の姿を詳細まで、しかも、いろいろな条件を想定しなければなりませんが、人間が想像できる事柄には、自ずと限界があります。検討をするうちに後から思いつくものも出てきてしまいますし、受入テストの段階で、「これは、想定していたものと違う」と気づくのも、それは人間である以上、仕方のないことです。

裁判所でも、こうしたIT開発の特殊性を理解してか「IT開発においては、要件定義工程終了後に要件の追加・変更があることも仕方のないことだ」としてユーザ側に有利な判決が出されたケースがいくつかあります。そんな過去の判例を見ていると、今回のケースについても、やはりユーザ側に有利な判決が出るのかもしれないと思ってしまいます。

IT開発なんだから後から要件が変わるのは当たり前。ユーザが要件を確定してくれないなら、自分達の方からスケジュール変更や、場合によってはプロジェクトの中断を申し入れる。仕様確定後にユーザが要件を変えるようとするなら、そのリスクを説明して取り下げさせるか、追加の見積もりを出すべきだった。そうしたこともせずに、ただ、モメるだけモメて挙句の果てにユーザから契約を解除されてしまうなど、システム開発の専門家であるベンダのとるべき態度ではない。少し、ベンダに厳しいようですが、これまでの判例を見ると、この裁判でも、そんな判決が出てもおかしくないと考えられたのです（実際に、こうした考え方のもと、裁判所で「ベンダのプロジェクト管理責任」を果たしていないと損害賠償を命じられたベンダはいくつもあります）。

第17章　仕様凍結後の要件追加・変更がもとで失敗したプロジェクトの責任は？

　この裁判もきっとそんな結論だろうと、私は判例を読みながら感じていたのですが、実際はどうだったでしょう。判決文の中で、この問題に触れた部分を抜粋してみましょう。

（旭川地方裁判所　平成28年3月29日判決より）

　そもそも「仕様凍結」という用語自体、仕様を凍結する、すなわち、開発すべき仕様を確定し、以後これを変更しないことを意味するものと解するのが、その文言からして自然である。そして、システム開発が、画面や帳票等に関する軽微な変更であっても、他の部分に影響し、結果として開発の工数や費用が増大する可能性があるのであるから、「仕様凍結」後には、新たな機能の開発要求はもちろん、画面や帳票、更には操作性に関わる開発要求をすることは、基本的には許されないものと解するのが合理的である。

　（中略）

　以上の事情を総合すると、本件仕様凍結合意とは、開発範囲を確定し、以後、医療法人は、ベンダに対し、新たな機能の開発要求はもちろん、画面や帳票、更には操作性に関わる開発要求も含め、一切の追加開発要望を出さないとの合意であったと見るのが相当である。

要件を凍結したら、追加・変更を認めないのが原則

　今まで私は、本書や自分の著書の中で前述したような考え、つまり、IT開発では要件の追加・変更はある程度致し方のないもので、ベンダには、それをうまくコントロールしてプロジェクトを運営する義務があると述べてきました。実際の開発現場を見ていても、そういう我慢と妥協がないことにはプロジェクトがうまくいかないことも確かです。

　しかし、この判決は、そうした考えが実は原則ではないということを示しています。IT開発なので現実として凍結後の追加・変更はあり得ます。しかし、それは、あくまでイレギュラーな事柄として捉えるべきで、やは

113

りIT開発であっても安易な仕様凍結後の追加・変更は認められず、そうしたことを言い出すユーザには、失敗の責任が降りかかるということを言っているわけです。

裏を返せば、IT導入を目指すユーザは後で変更する必要がないくらいに十分な検討と検証をして仕様を凍結すべきである。それこそが、ITユーザのあるべき姿だと、そんなことを言っているわけです。

凍結後の要件変更は、ある程度、仕方のないことかもしれませんが、それを当然のことと考えるのはあまりにベンダに甘えすぎということでしょう。

実際に、私の知るあるITユーザの担当者が「細かい要件は設計が終わるまでに決めればよい。工数にブレが出ても、そこはベンダがなんとかしてくれる」と話したのを聞いたことがあります。そんなユーザに対してベンダがどんな気持ちでいたのか、私にはわかりませんが、そのユーザの発注するプロジェクトはいつも問題が発生し、新規の提案依頼に手を上げてくれるベンダの数が減り続けていることは事実です。そんなことにならないよう、やはり、ユーザの方々には"要件の凍結"というものを真摯に捉えていただきたいところです。

とにかく、後で要件の追加や変更が発生しないように、凍結前に十分な時間をとって確認する。不幸にして追加や変更が発生するなら、ベンダからの追加費用やスケジュールの延長依頼に聞く耳を持つ（もちろん、ベンダの言うことを唯々諾々と受ける必要はありませんが、門前払いはいけません）。そうした心がけがベンダとの信頼を深め、結果としてIT導入を成功に導くことにつながると私は思っています。

第 18 章

IT導入におけるユーザの
協力義務、ふたたび

第18章　IT導入におけるユーザの協力義務、ふたたび

　主としてITユーザの方へ向け、裁判事例をもとにIT導入時の注意点を考え
てみようという本書を通じて、私がもっとも強くお伝えしたいことは"IT導入
におけるユーザの協力義務"です。ITの導入は、ITベンダとユーザの協業であっ
て、ユーザがさまざまな情報提供やプロジェクト中に発生する数々の問題解決
への協力、判断を積極的かつタイムリーに行わないと失敗してしまいます。こ
れは数々のIT紛争の例を見てきた私の実感です。しかし残念なことに、近年の
紛争事例を見ていても、やはりユーザの協力不足によるプロジェクト失敗は後
を絶たず、私自身も、こうした事例紹介の必要性、重要性を再認識させられて
いるところです。そこで本章では、この"ユーザの協力義務"が判断の主眼と
なった裁判の例をご紹介して、IT導入のためにユーザが何をすべきなのかを考
えてみたいと思います。

ユーザの協力義務が問題になった裁判の例

（東京地方裁判所　平成 27 年 3 月 24 日判決より抜粋・要約）

　ある通信販売業者（以下、ユーザ）が基幹システム刷新のための開
発を IT ベンダ（以下、ベンダ）に発注した。
　発注は、以下の通りに分割され、各々について個別契約が締結さ
れた。

1. 個別契約 1：要件定義（1 億 4550 万円）
2. 個別契約 2：外部設計書作成業務（約 2 億 3000 万）
3. 個別契約 3：ソフトウェア開発業務、ソフトウェア運用準備、移行
   支援業務（8 億 5500 万円）

　このうち、個別契約 1 及び 2 については成果物が納品され支払いも
完了したが、個別契約 3 については、スケジュールが遅延し、期限通
りに成果物が収められなかったため、ソフトウェア開発業務の途中
で、ユーザはベンダに契約の終了を通知し、更に 2 ヵ月後、履行遅滞
に基づく解除通知を送付した[注1]。

116

第18章　IT導入におけるユーザの協力義務、ふたたび

　なお、個別契約3については、委託料のうち、4億5000万円が前渡し金として支払われていた。

　これについてベンダは、この契約解除は、ユーザが一方的に行ったものであるとして、委託料の残額とその他の費用の計で約4億8200万円を請求して、訴訟を提起したが、一方のユーザは、契約の解除は、ベンダが期限までに成果物を納品しなかったからだと反論し、残額の支払いを拒否すると共に、損害賠償等4億5000万円の支払いを逆に求める反訴を提起した。

ユーザが果たさなかった協力義務

　「納期通りにモノを納めてくれなかったんだから、金なんか払わない」「いや、交渉にも応じない一方的な契約解除には応じられない」——IT紛争では非常によく聞く言葉の応酬です。もちろん、同様の応酬がなされる他の裁判でもその判断はケースバイケースなのですが、その際に論点になるのは、「本当に合意なく納品が遅れた（なされなかった）のか」という点と「ベンダ側はプロとして行うべきプロジェクト管理を行っていたのか（いわゆる、プロジェクト管理義務）」、それに「ユーザは、必要な協力を行ったのか（ユーザの協力義務）」という点です。このプロジェクトではどうだったでしょうか。判決文の続きを見てみましょう。

（東京地方裁判所　平成27年3月24日判決より抜粋・要約）〈続き〉

　（確かにベンダの納品物の中には期限通りに納められなかったものがあるが、）

- 「インタフェース一覧」については、ユーザの分担であるインタフェース仕様整理がされていないために納品されなかった。

注1) この裁判では、このプロジェクトの終了が契約終了通知によるものなのか、契約解除によるものなのかという点も争点になりました。実は、単なる契約終了と契約解除では費用の支払いを巡る考え方に大きな差があります。これはITユーザとして知っておくべき重要な事項ではありますが、話が複雑になるため、ここでは割愛したいと思います。

117

第18章　IT導入におけるユーザの協力義務、ふたたび

- 「システム／データ移行設計書」については、ベンダが移行作業方針及び移行処理方式の確認を求めたのに対し、ユーザの回答がないために作成できなかった
- 「検証環境」については、検証環境構築がユーザの都合で延伸された

　上記前提事実によれば、ベンダには帰責事由はないと言わざるを得ない。また、各フェーズにおいて、納期に遅れて納品された成果物があることがうかがわれるが、各フェーズにおける個別の成果物の納品の遅滞は、主にユーザによる情報提供等の遅れやベンダの受注範囲外のシステムの仕様確定の遅れ等に起因する。

　ご覧の通り、裁判の結果はほぼ全面的にユーザ側の敗訴でした。やはり、ユーザにはプロジェクトを成功させるためにやらなければならないことがいくつもあるようです。この判決には、ユーザの協力義務違反の見本とも言うべき事項が並んでいます。

1. 役割分担された作業を実施しない。
2. ユーザが判断すべき事項を必要な時期までにしない。
3. ベンダが作業する環境を必要な時期までに整えない。
4. 必要な時期までに情報を提供しない。
5. 契約範囲外の作業を依頼する。

　まさに、このままチェックリストにしてもよいのではないかと思えるような協力義務違反のオンパレードです。これではプロジェクトはうまくいきません。このプロジェクトではユーザの協力が足りなかったようです。ただ、実際にプロジェクトを始めてみると、こうしたことは読者の皆さんにとっても他人事ではなく、わかっていてもできないことが多いのも事実です。たとえば、1.の分担された作業や3.の環境整備について言えば、引き受けた後になってその難易度の高さに気づいたり、想定以上の時間がかかるとわかったりということがしばしばあります。2.のユーザ判断や4.の情報提供については、ユーザ内部で、システム担当者以外の人間が十分に協力してくれなかったために起きることですが、これも、そのときになってみないと皆が協力してくれるか予測できないものです。5.についてはプ

118

ロジェクトのスコープについての問題ですが、これも、プロジェクトの概要すら知らないエンドユーザ部門が、後になって想定外の機能を要求してきたり、そもそもシステム担当者がスコープの切り方を十分に理解していなかったりということで起きることで、ユーザサイドにIT導入経験が十分でない場合致し方ない面もあります。こうして他人の失敗を後から見ていると、ついつい見下したような気になってしまいますが、こうしたモメ事は、私も含めて、どんなユーザにも起き得ることなのです。

ユーザ協力義務を果たすために

　では、こうした失敗をしないために、ユーザは何をしておくべきなのでしょうか。ユーザの協力義務については、これ以外にも取り上げる事項がたくさんありますが、本章では、この判決から見えてくることについて考えてみたいと思います。これらのことはいずれもプロジェクトの開始前に行っておくのが望ましい事柄です。

ユーザの作業の詳細をベンダに教えてもらう

　作業分担を受けるとき、それが具体的にどのような手順で行うもので、時間と難易度がどれほどのものか教えてもらいます。むろん、中にはベンダに聞くまでもないこともありますが、この事件のようにインタフェース仕様を整理するといった技術的な内容を含む場合には、必ず、作業手順、難易度と必要なスキル、時間を教えてもらいます。あるIT裁判で、ユーザが行うべき既存システムからテストデータを抽出する作業について、その作業見積もりを行わなかったベンダに責任があるとの判決が出た例があります。ユーザは自分の作業であっても遠慮することなくベンダに教えてもらうことが必要ですし、ベンダ側は、ユーザが理解するまで教えなければなりません。今回の判決では、ユーザ側から教えてほしいと言わなかったことで、不利な判決になってしまったようです。前掲の1.から5.の全てについて必要なことです。

スキルを確認して育成計画を立案する

　前項と関連しますが、プロジェクトを実施する際、ユーザ側メンバーが必要なスキルを全て持っていることは稀です。要件定義の記述事項、インタフェース仕様、テスト計画やシナリオの立案、各種サーバ等の環境整備等、ユーザ側が主体となる作業の中にも技術知識が必要なものはたくさんあります。どんなスキルが必要で、不足があればそれをどのように育成すべきなのか、ベンダとよく相談して計画を立てるべきでしょう。1. や 2. は、こうしたことができていなかったために起きたことかもしれません。

外部とのやりとりはマイルストーンとしてプロジェクト計画に記す

　マイルストーンというと、工程の区切りや要件の凍結など大きな節目だけを書くことが多いようですが、本来は外部との約束事を全て定義しておくべきです。ユーザとベンダの間の情報のやりとり、ユーザ内部でもシステム担当者とエンドユーザとの間の情報提供や各種判断など、これが遅れるとスケジュール全体に大きな影響が出るものをマイルストーンとして定義します。マイルストーンは原則として、プロジェクト実施中に変えないもので、その遅延はすなわち納期遅延につながるものですから、その遵守が絶対であることも、関係者は十分に認識しておくべきことです。2. や 4. が、こうしたことの必要性を示す例です。

スキルを確認して育成計画を立案する

　3. や 5. のようなことを防ぐためには、エンドユーザの理解と協力が必須です。エンドユーザ部門にもプロジェクト計画時点から参加してもらい、プロジェクトのスコープがどこまでなのか理解してもらうと共に、自分達も情報提供や各種判断のために一定の時間を割かなければならないことを理解してもらうことが大切です。

　本章は文章も少し長く、かつ説教臭くなってしまいましたが、ユーザの協力義務というものが大切であるということで、ご容赦いただきたいと思います。最後になりますが、本章のユーザの協力義務については、ベンダ側の方も十分に理解していただく必要があることを申し添えておきます。いくらユーザに協力する気があっても、知識や経験が十分でないユーザ

第18章　IT導入におけるユーザの協力義務、ふたたび

は、そもそも何を協力すればよいのかもわかりません。そのあたりをプロ
ジェクト開始前にしっかりと教え、合意すべきところは合意するのは、プ
ロであるベンダの専門家責任になります。今回、ベンダ側にかなり有利な
判決が出たのは、完全でなくても、ベンダが教えるべきことを教え、頼む
べきことを頼んだのにユーザが協力してくれなかったことによります。も
しも、ベンダがそうしたことをせずに同じような事件が起きた場合、ベン
ダのプロジェクト管理義務違反が問われることにもなりかねないのです。

121

解説：システム開発とは、人間そのものである

山本一郎

　俗に、システム開発に従事している人達はマゾと呼ばれる。

　擦り切れるように会社に来なくなる SE であり、納期が遅れるたびに頭を下げ続け年齢以上に老けるマネージャーである。進捗を聞かれると心臓が高鳴り、ストレスを感じ、食事が喉を通らなくなり、悪戦苦闘している同僚を残し先に帰社しようとする背中に投げかけられる鋭い視線を浴びる。

　本書はそういうシステム開発を通してそこに従事している人達の苦悩を解題し、あるべきシステム開発論のような理想論ではなく、現実に起きたことに基づいた処方箋を記すものである。一度でも、プロジェクトの炎上を起こし、クライアントに納期遅延で頭を下げにいった経験のある人間であれば目頭が熱くなる内容だ。

　しかしながら、この本の本当の価値は「身も蓋もない議論」では終わらないところにある。単なるシステム開発あるある話で留まらない理由は、システム開発にはそこに携わる人間の想像力と、それを合致させるたゆみない努力が必要であるという、人間社会の摂理が余すところなく内包されていることによる。

　「発注時点で、何を実現するシステムなのか、仕様をきちんとお互いに固めてから具体的な開発に着手しましょう。」そう言うだけなら簡単だ。そんなことは最初からわかってるわ、地獄に墜ちろ馬鹿。しかしながら、その発言の奥深くにあるものは怖ろしい。それは、わかっているはずのものが実はわかっていなかった、日々やっている業務を紙に落とし整理して他人に伝えるという作業のむつかしさ。さらに、それを出発点として、システム開発によって簡略化せしめる業務は何であり、どうすれば全体がスムーズに仕事として流れていくのかというイメージの問題がそこには横たわっているのだ。

　要は「お前のやっている仕事を説明した上で、システムをどう入れれば楽になるのか、お前の仕事の完成形のイメージを出せ」と言っているに等

しい。そして、日々の仕事に追いまくられ、目の前に与えられたコンピュータでクソのような UI に文句を垂れながら早出残業している連中に、システム開発後の完成された自分の仕事のイメージなどないのである。

　それを解きほぐし、整理してコードに落とし実装するのは、そもそもそういう仕事などやったことのない SE が大半だ。言うなれば、コーディングはできてもクライアントのジョブフローなどかけらも理解していないところからスタートする。これではシステム開発が「発注すれば、あとはベンダが全部やってくれるだろう」とならないのは当然だ。当然だからこそ、人間の機微に関わる。この本の真の深さはここにある。

　人間は知らないことはできない。イメージできないことは実現させられない。だからこそ、我々はこのシステム開発を実現させるのだという強い意志が必要となる。人間、目の前の仕事が変化することを嫌う。意味や価値を伴う変化に巻き込んだり巻き込まれたりするのが好きだったら、お前はその給料でそんな仕事はしていない。そういう連中が額を集めてシステム開発について語らねばならないのだから、放っておいたら絶対に成功しない。

　成功しないというのは、納期に間に合わないとか、当初期待していたようなシステムができあがらなかったとか、そもそも動かないとか、クライアントとベンダの間で言葉ではなく腕力で解決されるべき状況に陥ることを指す。クライアントはシステムのリリースが遅れて損害を出す。ベンダは SE が泣きながらデスマーチを歩いて日々徹夜をし、遅延するスケジュールを巻き返せるか仕様を切り直し、クライアントに納期遅れになっている理由をひねり出すためにうんうん言っているのである。

　これこそ人間の真理ではないだろうか。神は天まで届くバベルの塔を建設しようとしたノアの箱舟の生き残りに制裁を加えるため、言葉をバラバラにしたと言われる。しかし、現実に起きていることは同じ日本語を話し、日本で暮らしている私達自身が、頭でイメージしている仕事の中身をプログラマに伝えるところですでに失敗しているのである。真理は常に悲劇をはらんでいると言えよう。

　そういう悲劇を伴う真理を乗り越えるのは叡智しかない。その叡智は残念ながら過去の失敗例に詰まっている。デスマーチの行程で倒れ、身体や精神に変調をきたした開発サイドの関係者の語る後日談。あるいはクライ

アントとベンダの間でもつれにもつれて完全崩壊した関係を処理するべく裁判所で甲乙分かれて論じあった結果。そういったものが、この真理を超えるための秘策を提供できるのである。

　つまり、システム開発におけるトラブルというのは、人間が固有で持つ性質が引き起こすトラブルである。リーダーシップのなさ、決まらない方針、無理なスケジュール、足りないリソース、現場のやる気のなさなどなど、全ての因子が本書に詰まっている。それはすなわち、読んでいる私達の至らなさだ。本性だ。性質だ。やろうとしていることがうまくいかない理由は、全ては自分の至らなさにあり、他人へ的確に伝える能力のなさにある。

　だからこそ、本書を凡百のあるある話で終わらせてはならない。共感し、我が身に照らし合わせて、恥ずかしさに身を焦がす、あるいは自らが経験したデスマーチを思い返して酸っぱい気持ちを抱きつつ、次に同じ問題を起こさないようにするにはどうするのがよいのかを考えるきっかけにしてほしいと思うのである。願わくば、何度でも本書を読み直し、トラブルのない人生を送る一歩にしてほしい。

　まあ、トラブルのない人生なんて無理なんだけどな。

著者プロフィール

細川義洋（ほそかわ・よしひろ）

　IT プロセスコンサルタント

　東京地方裁判所　民事調停委員 IT 専門委員

　1964 年神奈川県横浜市生まれ。立教大学経済学部経済学科卒。大学を卒業後、日本電気ソフトウェア㈱（現 NEC ソリューションイノベータ㈱）にて金融業向け情報システム及びネットワークシステムの開発・運用に従事した後、2005 年より 2012 年まで日本アイ・ビー・エム株式会社にてシステム開発・運用の品質向上を中心に IT ベンダ及び IT ユーザ企業に対するプロセス改善コンサルティング業務を行う。現在は、東京地方裁判所で IT 開発に関わる法的紛争の解決を支援した経験をもとに、それらに関する著述も行っている。

　主な著書に、『なぜ、システム開発は必ずモメるのか？ 49 のトラブルから学ぶプロジェクト管理術』『「IT 専門調停委員」が教える　モメないプロジェクト管理 77 の鉄則』（ともに日本実業出版社）がある。

紛争事例に学ぶ、IT<ruby>ア<rt>アイティ</rt></ruby>ユーザの心得【提案・開発・プロジェクト管理編】

2017年9月15日　　初版第1刷発行（オンデマンド印刷版Ver.1.0）

著　者	細川 義洋（ほそかわ よしひろ）
発行人	佐々木 幹夫
発行所	株式会社 翔泳社（http://www.shoeisha.co.jp/）
印刷・製本	大日本印刷株式会社

©2017 Yoshihiro Hosokawa

- 本書は著作権法上の保護を受けています。本書の一部または全部について(ソフトウェアおよびプログラムを含む)、株式会社翔泳社から文書による許諾を得ずに、いかなる方法においても無断で複写、複製することは禁じられています。
- 本書へのお問い合わせについては、2ページに記載の内容をお読みください。
- 落丁・乱丁本はお取り替えいたします。03-5362-3705までご連絡ください。

ISBN 978-4-7981-5435-0　　　　　　　　　　　　　Printed in Japan

制作協力 株式会社トップスタジオ（http://www.topstudio.co.jp/）　+ Vivliostyle Formatter